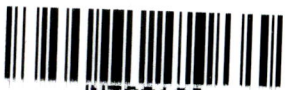

市場の動きを見極める経済指標の見方

金融商品投資・相談で知っておくべき知識

第一生命経済研究所
嶌峰義清［著］

一般社団法人金融財政事情研究会

はじめに

「アベノミクス」は、経済環境を一変させました。デフレの主因ともいわれた超円高に終止符が打たれ、景気回復を受けて株価も大幅に上昇しました。

物価が上昇傾向をたどり始めた一方で、日銀の量的・質的緩和政策のもとで金利は超低水準に維持されています。円安の加速は外貨建ての投資商品の魅力を高め、株価の上昇は株式投資の魅力を高めています。金利水準が物価上昇率を下回る状態にあることから、人々の運用意欲はかつてないほどに高まっていると考えられます。

こうした環境は資産運用をアドバイスする側の責任を高めるものでもあります。特に最近では、銀行や生命保険会社など金融機関における金融商品の取扱いが増えており、金融機関に従事する方たちの市場知識が問われています。

本書は、資産運用をアドバイスする方たちが市場環境を判断するにあたって必要だと考えられる経済指標を厳選し、その見方について解説しています。経済指標を理解することによって、いまの市場環境を知るだけでなく、運用を検討しているお客さまに対して、自分の言葉で適切に市場動向を説明できるだけの知識を身につける一助となれば幸いです。

2016年２月

嶌峰　義清

【著者略歴】

嶌峰　義清（しまみね　よしきよ）
第一生命経済研究所　経済調査部・首席エコノミスト

1990年３月　青山学院大学経済学部卒。
1990年４月　岡三証券入社。岡三経済研究所を経て、1992年日本総合研究所入社。
日本経済研究センターへ１年間出向を経た後、1998年５月第一生命経済研究所入社。
米国経済担当、日本経済担当などを経て、現在は金融市場全般を担当。
2011年４月より現職。
日本ファイナンス学会会員。

目　次

序　章

デフレ脱却で市場の動きは大きく変わる

1 デフレ脱却で変わる投資環境
― リスクをとらないとお金は減る

◆ 政権交代をきっかけに市場が大きく動き始めた

近年、80年代後半の株式・不動産バブルや、90年代後半のITバブルの頃を彷彿とさせるような運用ブームが起きているとして、テレビや雑誌などの各メディアにおいて取り上げられています。バブルの時代と比較し、ブームという言葉で片付けると、それは一過性でリスクの高い環境に置かれているような印象も受けます。しかし、ここ数年の人々の投資意欲の高まりを冷静に分析すると、単なるブームというわけではなく、考えようによってはきわめて合理的な行動であるともいえます。

市場が大きく動き始めたきっかけは、2012年末の政権交代です。これにより、日本の経済政策はデフレ脱却を最優先としたものへと大きく舵を切りました。日本銀行（日銀）による大胆な金融緩和である“量的・質的緩和”政策は、円安の進展につながりました。円安の進展と、政府によるさまざまな経済浮揚政策は株価を押し上げました。円安は輸入物価の上昇につながり、2013年には日本の消費者物価は上昇に転じました。さらに、企業業績の改善と政府による肩入れもあって賃金は上昇、2015年には賃金上昇率が物価上昇率を上回るようになりました。これにより、少なくとも勤労者世帯では物価の上昇にも耐えられる生活環境となり、企業は輸入物価の上昇による製造コストの上昇を製品やサービス価格に転嫁しやすくなっています。物価の上昇基調が定着すれば、1998年以来デフレに突入していた日本経済は、いったんデフレから脱却したといえるでしょう。

◆「物価上昇率 ＞ 金利（利率）」の状況

このことは、運用環境に大きな変化をもたらしました。まず、リスクをとらない資産運用では、実質的に資産を減らしていく可能性が高まります。リスクのない、いわゆる無リスク資産の代表は預金です。いま、銀行の定期預金金利は高いものでも0.3％程度です。日本国債もほぼ無リスクといっていいでしょうが、個人向け国債のうち利率が高いもので0.4％程度（変動、10年、税引き前）となっています。一方で、日本の消費者物価は0.5％程度での推移となっています（数字はいずれも2015年６月時点）。

この環境で、100万円を１年間無リスク資産で運用するとどうなるでしょうか。最も利率の高い個人向け国債の例だと、税引き前で１年後には100万4,000円になります。しかし、その１年間に物価が0.5％上昇していれば、モノの値段は100万5,000円になってしまいます。１年前には100万円のものが買えたはずですが、１年間無リスク資産で運用すると、物価の上昇率のほうが高いために1,000円足りなくなってしまいます（図表序－１）。

リスクのない資産で運用することを指向する人は「お金が増えなくてもいいけど、減らしたくない」と考えている人が大半ですので、これでは十分な資産運用とはいえません。しかし、現実にはいまの日本ではリスクを避けるとお金が実質的に減ってしまう可能性が高いのです。なぜそのようなことが起こるのかというと、金利よりも物価上昇率（インフレ率）のほうが高いからです。

金利から物価の上昇率（前年比）を差し引いたものを「実質金

図表序－１　「物価上昇率＞金利（利率）」のイメージ

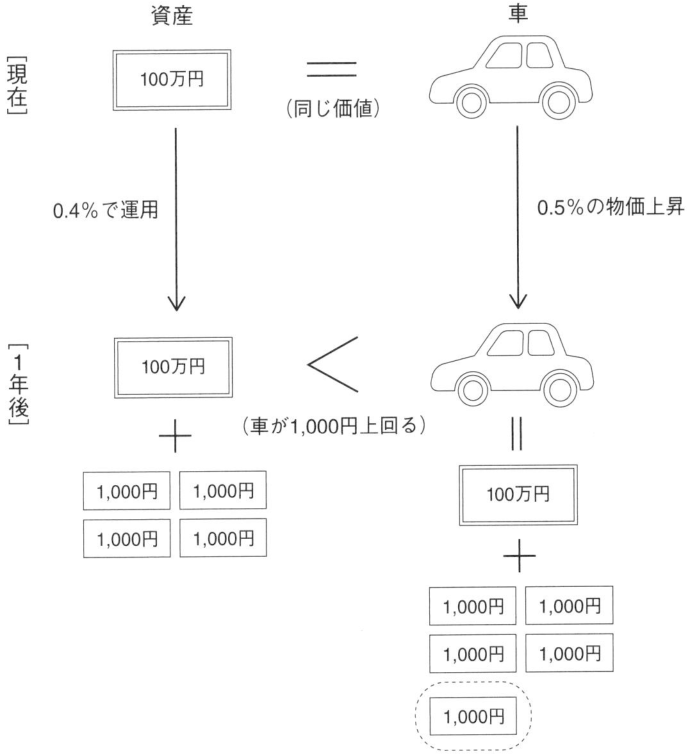

（出所）　筆者作成

利」といいます（図表序－２）。“物価のことを勘案した場合、金利は実質的にどの程度になるのか”という概念です。金利が物価上昇率よりも高ければ実質金利はプラス、逆に金利が物価上昇率よりも低ければ実質金利はマイナスとなります。先の例（いまの日本）では、実質金利がマイナス（0.4％－0.5％＝マイナス0.1％）であるため、実質金利のマイナス分だけ損をする、ということに

図表序－2　実質金利の算出式

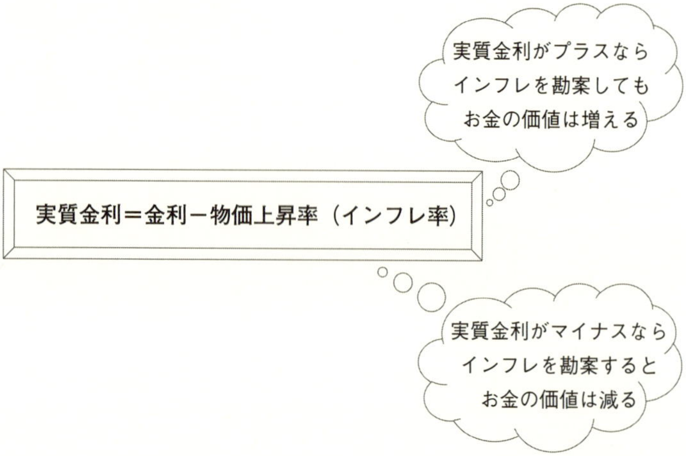
実質金利がプラスなら
インフレを勘案しても
お金の価値は増える
実質金利＝金利－物価上昇率（インフレ率）
実質金利がマイナスなら
インフレを勘案すると
お金の価値は減る

なります。このような実質マイナス金利という状態が、短期間で終わるのであればたいして気にしなくていいかもしれません。しかし、現実的に考えると、むしろ長期間にわたって継続するリスクのほうが高いと考えられるのです。

日銀が現在行っている金融政策は“量的・質的緩和政策”と呼ばれています。具体的には大量の国債やETF（指数連動型上場投資信託受益権）、REIT（不動産投資信託）を購入して、購入する際に支払われる代金として巨額のマネー（円）が市場に供給されるというものです。大量の国債を購入することは、市場金利の低下につながります。これが歴史的な低金利を招いています。一方で、大量の円を供給することで円の価値が下がる、すなわち円安になり、輸入物価の上昇を通じて物価全体を押し上げます。つまり、この政策の結果、金利がインフレ率を下回り、実質金利がマイナスに転じています。この日銀の金融政策における重要ポイントは、金融政策の目標としてインフレ率（生鮮食料品を除いた消費者物価上昇率）を２％と、かなり高く見積もっている点です。

２％のインフレを安定的に達成することは、いまの日本経済ではむずかしいだろうとの見方が大勢です（図表序－３）。いつまでも２％インフレを実現できないということになれば、日銀は現在行っている緩和政策から脱却できないということになります。そうなれば、金利はなかなか上がりません。“デフレからは脱却し物価は上昇しているものの、高すぎるインフレ目標には届かないため金利は上昇しない”ということは、金利が物価上昇率を下回る実質マイナス金利が長期化する可能性が高いことを示しています。つまり、預金や国債などのリスクのない資産にお金を預け、最低でもお金が減らないようにしているつもりでも、実質的には

図表序－3　日本の消費者物価（除く生鮮食品）の推移（前年同期比）

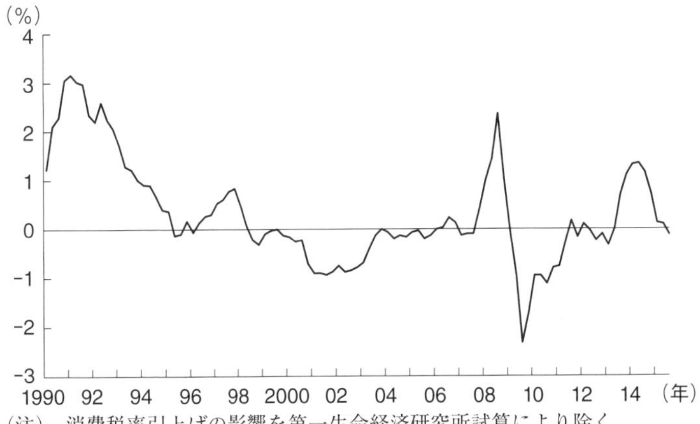

（注）消費税率引上げの影響を第一生命経済研究所試算により除く。
（出所）総務省統計局「消費者物価指数」

お金を減らしてしまう環境がしばらく続きそうだということになります。

このように考えると、いまの日本における運用とは、お金を増やすという目的だけでなく、お金を減らさないという目的としても必要とされているのです。もちろん、株や為替などの変動リスクのある商品が値下りした場合の損失は、実質金利がマイナスであることによる（実質的な）損失に比べると、はるかに大きくなる可能性があります。だからこそ、お客さまに運用商品の販売・説明を行う金融機関の担当者の方々は、お客さまにリスクとチャンスを正しく認識してもらう必要があります。そのためには、取り扱っている運用商品だけでなく、運用環境、すなわちマーケットに関する知識が、かつてないほどに強く求められているのです。

2 デフレ脱却下で求められる運用
── 長期運用が可能に

◆ リスク運用へのアレルギー

デフレ脱却期待が高まっていることで、運用環境も大きく変わり始めています。物価が上昇に転じ始めた一方で、日銀の量的緩和政策が長期化して金利の上昇は見込みがたいことから、実質金利（金利からインフレ率を引いたもの）がマイナスに定着していることはすでに述べました。このことは、ある程度のリスクをとって運用しない限り、お金は実質的に目減りしていく環境にあるという意味です。

とはいえ、リスクの大きい運用にアレルギーをもつ人は少なくありません。1990年のバブル崩壊以降、日本の株価は上下動を繰り返しながらも水準をどんどん切り下げていきました（図表序－4）。「株は下がるもの」という意識が刷り込まれている人も多いかもしれません。「長期的には株は下がるのだから、デイトレーダーのように年がら年中市場の動きをみているならともかく、そんな知識も暇もない自分には売ったり買ったりを繰り返すのはむずかしい」というような意見を直接聞いたこともあります。

為替も同様です。円相場といえば、常に円高を意識した展開が続いてきました。戦後１ドル＝360円でスタートしたドル／円相場は、米国経済の疲弊、日本の巨額の貿易黒字を背景とした日米通商摩擦などを経てほぼ一方的に円高が進み、2011年には１ドル＝75円57銭の過去最安値（対円でみたドルの最安値）をつけるに至

図表序－4　日経平均株価の推移（四半期末値）

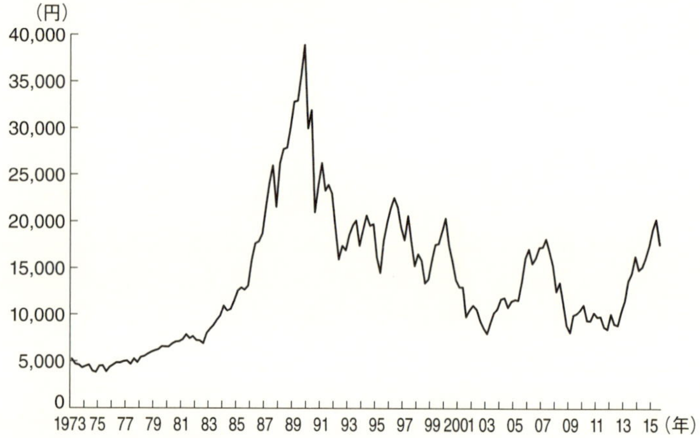

（出所）日本経済新聞社

りました。その後は、円安傾向が続いてはいるものの、歴史的な流れから“いつまた円高が急伸してもおかしくない”と考えている人は多いでしょう。ドル／円相場は、2014年には1ドル＝120円台に達しましたが、過去の水準や経済状況から考えて“円安は行き過ぎ”とみる向きも多いようです（図表序－5）。

◆ インフレへの転換によるトレンド変化

しかし、デフレから脱却してインフレの世界へと変わることで、過去の動き（少なくともデフレ入りした1998年以降）からのトレンドは、大きく変わっている可能性が高いと考えられるのです。

デフレとは、物価が持続的に下落する現象のことです。同時に、日本の場合は人口減少圧力の高まりもあって、経済規模（名

図表序－5　ドル／円相場の推移（月末値）

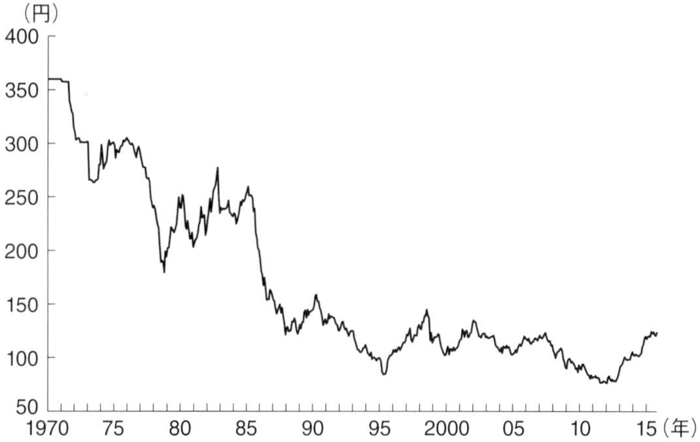

(出所)　トムソン・ロイター

目GDP）も縮小傾向となりました。日本のデフレは、消費税率引上げ（３％→５％）の翌年である1998年から突入したと考えられています。実は、この時、名目GDPも1997年をピークに縮小に転じ始めました（図表序－６）。

ところで、資産規模（株や不動産など）は、その国の経済規模に比例するかたちで拡大していきます。経済規模が急速に拡大していく高度成長期には資産規模の拡大ペースも速く、経済規模の拡大ペースが鈍化（たとえば10％成長から３％程度の安定成長に移行）すると、資産規模の拡大ペースも鈍化する傾向があります[1]。

1　経済規模の拡大ペースと資産規模の拡大ペースとの関係は、１対１というわけではありません。また、常に同じ関係性が保たれているわけではありません。たとえば、市場化が進むなどして資本効率が上がれば、経済規模の拡大ペースに対する資産規模の拡大ペースは、より大きくなると考えられています。

図表序－6　日本の名目GDPの推移

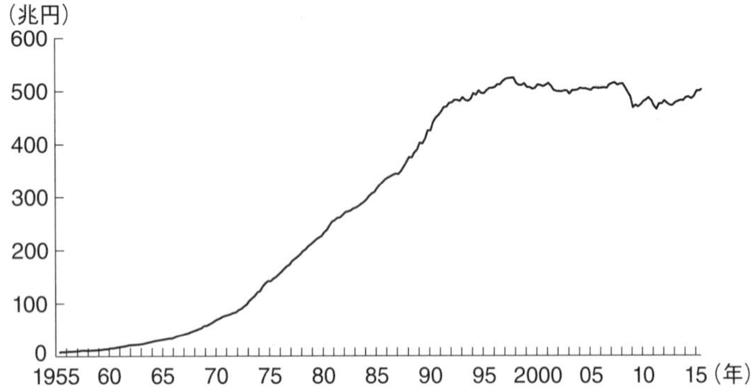

(出所)　内閣府「国民経済計算」

では、デフレ下の日本はどのような状態にあったのでしょうか。先ほど述べたように、1997年をピークに日本の名目GDPも縮小傾向をたどったため、不動産や株式資産規模にも相応の縮小圧力がかかっていたはずです。もし、上場株式数が一定であれば、株式資産規模全体が縮小傾向をたどると、株価自体も下落傾向をたどることになります。個別銘柄をみれば、“勝ち組”となってシェアを拡大した企業や、デフレではない海外の売上げを伸ばした企業、自社株買いや償却などを行って株数を減らした企業の株価は上昇傾向を維持することができますが、国全体でみれば株価も下落傾向をたどりやすくなると考えられます。

しかし、日本の名目GDPは2012年度以降プラス成長、すなわち再び拡大基調に転じ始めています。物価も上昇傾向を維持しており、このまま順調に進めばデフレから脱却し、インフレの世界に戻ると考えられます。インフレに戻り、経済規模が拡大基調を維持できるのであれば、資産規模も拡大基調をたどる可能性が高まることになります。すなわち、株価も上昇トレンドに戻るということです。

では、株価が「デフレ下で長期下落トレンド」にあることと、「インフレ下で長期上昇トレンド」にあることとの違いは、投資スタイルにどのような影響を及ぼすのでしょうか（図表序－7）。

“株価が下落トレンドにある”ということは、一時的には保有株が上昇して含み益をもたらすチャンスはあるものの、時間が経つほどに下落して含み損が大きくなるリスクが高まります。つま

図表序－7　経済規模と資産価格の相関関係

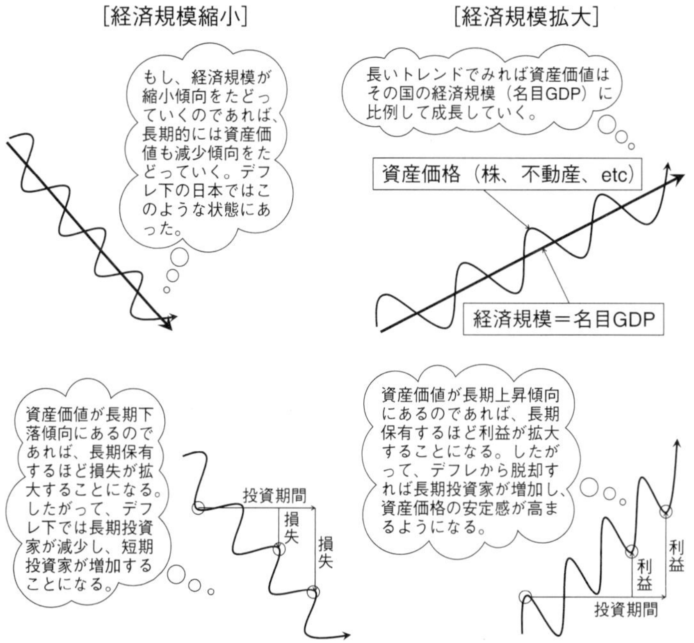

（出所）　筆者作成

り、長期保有には不向きということです。そのような環境では、たとえば年金などの機関投資家は日本株の保有ウェイトを減らす必要があり、投資先はデフレ下でも成長できる一部の銘柄に限られてきます。その選択はむずかしくなりますから、海外の機関投資家などは日本の株式市場から撤退するところも出てくるでしょう。個人の投資家も、株式市場を常にウオッチしている人を除けば「株などは買っても損するだけ」と考え、手を出さないようになるでしょう。デフレ下の日本の株式市場で利益を得るには、上昇する局面を確実にとらえて売買を繰り返すことが最も合理的となります。

したがって、株式市場に残るのは短期売買を繰り返す投資家、たとえばデイトレーダーや短期売買を専門とするヘッジファンドになります。短期売買が目的の投資ですから、株価は短期の材料に振り回され、不安定になります。ちょっとした経済指標や政策、当局者の発言などに一喜一憂します。たとえ株価が“割安”と考えられるような水準まで下落しても、好材料が出てくるまでは買い手がつかず、下落幅が驚くほど大きくなることもあります。このような環境が続くほど、長期保有を考える機関投資家や個人投資家は株式市場から足が遠のきます。日本の場合、1990年のバブル崩壊、1998年のデフレ突入と、20年以上にもわたって株価の下落トレンドが続いたことで、「株は下落するもの」という見方が定着したことも否定できません。

しかし、経済規模が拡大基調に転じて“株価が上昇トレンド”に入ると、これまでとは逆の考え方が必要になります。株価は景気に応じて変動しますから、短期的には下落することはあるでしょう。しかし、長期的には経済規模の拡大に応じて上昇する可能性が高くなるため、長期にわたって保有することで、含み益が拡大するチャンスがふくらみます。もちろん、長期的にみれば衰退していく企業や、大きな問題が生じる企業もあるので、個別銘柄への投資はリスクを伴います。しかし、経済規模が拡大するにつれ、上場企業全体というくくりでみれば、価格が上昇していく期待値は高いといえるでしょう。

このような環境でも、引き続き短期投資家は株の売り買いを繰り返して利益をねらうと考えられます。しかし、長期投資による利益が見込める環境に転じることで、デフレ下で日本市場から撤退していた機関投資家が戻ってくることが考えられます。実際、海外の年金ファンドなどが日本株の投資ウェイトを引き上げた、などのニュースがよく聞かれるようになりました。長期投資を目的とした投資家が増えることは、株価の安定的な上昇に寄与します。短期的な悪材料で株価が下落することがあっても、それによって株価が割安な水準にまで下落すれば“中長期的には割安”とみた長期投資家が買いを入れてきます。割安な水準が放置されにくくなることで、株価の変動率（ボラティリティ）は長期投資家不在のデフレ下に比べると小さくなるでしょう。

このように、デフレからインフレへと転じることで国内の資産価格のトレンドも変わり、マーケットに“へばりつく”ことができないような個人投資家でも、運用で利益をあげるチャンスは広がってくるものと考えられます。

◆ インフレによる為替相場への影響

デフレからインフレへの変化は、為替相場にも大きな変化をもたらします。為替相場は、基本的には２カ国間の金利差（正確には金利からインフレ率を差し引いた実質金利差[2]）が変動要因となります。ここで、日本円に働く実質金利の力について考えることにしましょう。

デフレの時代、日本の金利（為替の場合は2年債利回りを使うことが多いので、特に断りのない限り実質金利は実質2年債利回り（2年債利回りからインフレ率を引いたもの）とします）は0％でした。これに対してインフレ率（消費者物価の前年対比上昇率）は、物価が下落しているのでマイナス圏で推移しています。たとえば、インフレ率がマイナス1％だとすると、実質金利は（金利：0％）－（インフレ率：マイナス1％）＝プラス1％と、符号が逆転して高くなります。

金利やインフレ率は、景気に応じて動きます。たとえば景気が世界的によくなるときを考えましょう。景気がよくなると、物価には上昇圧力が働きます。一方で、インフレが加速しないように、景気が力強さを増してくると中央銀行は金利を引き上げます。

日本では景気がよくなってもデフレからは脱却していないので、日銀の金融政策に変化がなければ金利はゼロのままです。景気がよくなるので物価にはある程度上昇圧力がかかりますが、デフレ下なのでインフレ率がプラスに転じることは基本的にありません。インフレ率がプラスに転じない限り、実質金利はマイナスには転じず、実質金利の低下は小幅にとどまってしまいます。

海外では、インフレが加速しないように、中央銀行は金利を引き上げ、世界的に景気のよい国では実質金利も上昇させます。イ

2　多くの場合、2年物国債利回りから消費者物価上昇率（前年比）を差し引いた実質短期金利を指します。

ンフレリスクを軽減するには、ある程度景気にブレーキをかける必要があります。その水準は実質金利でプラス２％程度とされています。しかし、そこまで上昇しても、プラス圏を保っている日本との実質金利差はあまり大きく拡大はしません。実質金利差があまり拡大しないということは、低い国の通貨、すなわち日本円が売られて円安が拡大する余地は限定的だということを示しています。

逆に、デフレ下で世界的に景気が減速する局面ではどうでしょうか。景気減速局面では、先ほどと逆のことが起こります。つまり、金利の低下とインフレ率の鈍化です。

海外では、各国中央銀行が金融緩和（利下げ）を行います。ねらいは、景気の減速に歯止めをかけ、インフレ率の行き過ぎた低下（デフレなど）を阻止することです。そのためには実質金利の低下が必要で、実際に多くの国で実質金利が低下します。

しかし、日本ではそもそも金利の引下げ余地がなく、金利はゼロのままです。一方で、景気減速によりインフレ率は鈍化、すなわちマイナス幅が拡大します。そうすると、金利からインフレ率を引いた実質金利のプラス幅が拡大します[3]。つまり、海外とは逆に、デフレ下の日本では景気が減速すると実質金利が上昇してしまいます。当然、世界とは逆に日本では実質金利が上昇するので、通貨も買われます。つまり円高です。2008年のリーマンショック後、米国やユーロ圏などの主要国では実質金利がマイナスにまで引き下げられました。一方で、日本では実質金利はプラ

3　たとえば、金利はゼロとします。インフレ率がマイナス１％なら、実質金利は０－（－１）＝＋１ですが、インフレ率がマイナス２％に鈍化すると、実質金利は０－（－２）＝＋２と上昇します。

ス幅を拡大させていたのですから、円高が急伸するのは当然だった、といえるでしょう（図表序－8）。

このように、デフレ下の日本ではインフレ率がマイナス圏にあったために「円安になりにくく、円高になりやすい」という構造

図表序－8　実質金利と為替の関係

金利－インフレ率＝実質金利

［デフレの時代］
金利：0.0%　インフレ率：マイナス
たとえば……
　実質金利：金利0.0%－(インフレ率－1.0)＝＋1.0%
景気が悪くなると、物価がさらに下がって……
　実質金利：金利0.0%－(インフレ率－2.0)＝＋2.0%
　⇦実質金利上昇！
　この時、海外では景気悪化で実質金利が下がるので、日本の実質金利が最も高い⇨円買いが強まる⇨景気悪化時には猛烈な円高が襲う！

［インフレの時代］
金利：0.0%　インフレ率：プラス
たとえば……
　実質金利：金利0.0%－(インフレ率＋1.0%)＝－1.0%
景気がよくなると、物価が上がって……
　実質金利：金利0.0%－(インフレ率＋2.0%)＝－2.0%
　⇦実質金利低下！
　この時、海外では景気加速で実質金利があがるので、日本の実質金利が最も低い⇨円売りが強まる⇨景気回復時には猛烈な円安が襲う！

（出所）　筆者作成

にあったのです。ですから、基本的なトレンドは“円高”であり、為替ヘッジをかけずに海外資産に投資した場合、油断をすると為替差損が出るようなリスクにさらされていたといえます。

では、インフレ率がいまのようにプラスに転じるとどうなるでしょうか。インフレ率がプラスになったといっても、プラス幅は日銀が目標とする２％にはほど遠い状況ですので、量的緩和政策の縮小などは考えられません。したがって、金利（特に金融政策の影響を強く受ける短期金利）は上昇せず、短期金利はゼロのままでしょう。短期金利がゼロで、インフレ率がプラスですから、実質金利は符号が逆転して常にマイナスになります。つまり、日本の実質金利は“低いまま”です。

そうなると、先にあげたデフレ時の例とは真逆のことが起こります。世界的に景気が悪くなれば、世界中で実質金利が下がります。しかし、日本の実質金利も（インフレ率のプラス幅が小さくなる分だけ実質金利のマイナス幅は縮小しますが）低いままなので、内外金利差が縮小するとはいえ縮小幅は限定的なので、円高余地も小幅にとどまるでしょう。逆に、世界的に景気がよくなる局面では、世界中で実質金利が上昇する一方で日本の実質金利は低下する（インフレ率のプラス幅が拡大する分だけ、実質金利のマイナス幅が拡大する）ため、内外金利差は大きく拡大し、円安が加速するはずです。

このように、インフレ率がプラスに転じても、日銀の量的緩和が継続されて短期金利がゼロ近傍である限り「円高になりにくく、円安になりやすい」構造が続きます。基本的なトレンドは“円安”であり、為替ヘッジをかけずに海外資産に投資した場合、一時的には為替差損が出ても、やがて為替差益に転じる可能性があることになります。

◆ 運用環境の変化と投資家への説明能力

デフレ基調からインフレ基調への変化は、為替面では円高トレンドから円安トレンドへの転換につながるものです。円高トレンドのもとではリスクの大きかった外貨建て資産での長期運用は、円安トレンドのもとでは収益機会の大きなものへと変わるでしょう。

このように、これまでのデフレ経済のもとでは株や土地などの資産価格は長期的には下落傾向をたどる一方で、為替相場は円高傾向をたどるという性質がありました。したがって、リスク性資産といわれる株や外貨建て資産で安定的に運用益をあげることはむずかしい環境にあったといえます。逆に、金利がゼロでも物価が下落していくので、運用しなくてもお金の価値は高まっていきます。“下手な運用をするよりも、何もしないほうが安全確実に資産を増やせる”という環境だったのです。

しかし、物価が上昇傾向をたどり始め、デフレからの脱却がみえてきたいまは違います。量的緩和政策のもとで超低金利が続く一方、物価が上昇に転じたために実質金利はマイナスとなりました。これにより、リスクをとってでも運用しなければ、資産は実質的に減少することになります。一方で、株などは長期的な上昇トレンドに転じ、為替は円安方向に振れやすくなるなど、デフレ下とはまったく逆のトレンドに変わったと考えられます。このため、株や外貨建てなどのリスク性資産への長期投資を行っても運用益が得られやすい環境にあると考えられます。

このように、運用を取り巻く環境は大きく転換しました。もちろん、長期的なトレンドが変わるというだけで、短期的には株価が大幅に下落したり、円高への調整が進む局面も出てくるでしょう。投資家は長期投資家だけではありません。一口に運用といっても、子どもの進学のための資金に、老後の蓄えに、などさまざまなニーズがあり、金融機関はそれぞれのニーズに対して適切にアドバイスする必要が出てくるでしょう。要するに、市場はどのように動くのか、いまどのような環境にあるのかを、具体的に説明できる能力が問われるようになるのです。

3 市場の動きは景気で決まる
── 主要市場と景気の関係

◆ 景気局面と金融商品・資産の関係性

一口にマーケットといっても、さまざまな市場があります。株式、債券、為替、国際商品、そしてこれらを組み合わせた投資信託など、多種多様な金融商品が数多くのマーケットで取引されています。こうした金融商品は、それぞれ異なった特性をもっているため、それぞれが異なる材料に反応し、さまざまな動きをみせています。これらすべての市場に対応し、それぞれの動きを把握しようとしても、おそらくは個人の力ではどうにもなりません。

しかし、大きな枠でとらえれば、ほぼすべての市場は景気に応じて動きます（図表序－9）。景気がよくなれば企業業績もよくなりますから、株価は上昇しやすくなります。消費者や企業の需要

図表序－9　景気の局面と資産価格の動き

		景気	
		拡大	後退
価格	上昇	リスク性資産（株、外貨、不動産、ハイイールド債など）	安全性資産（国債、高格付債など）
価格	下落	安全性資産（国債、高格付債など）	リスク性資産（株、外貨、不動産、ハイイールド債など）

（注）　すべての局面でこのとおりに動くとは限らない。
（出所）　筆者作成

が増えるので、原油などの商品市況も上昇します。不動産需要も高まるでしょうから、REITなどの価格も上昇しやすくなります。一方で、景気がよくなると資金需要が高まり、金利が上がりやすくなるため、債券価格には下落圧力がかかります。中央銀行が景気過熱によるインフレ圧力の高まりを抑制するために利上げを行うと、債券価格の下落傾向は強まることになります。

景気が減速していく局面では、各市場の動きはこれとは逆のものになります。株や商品価格、REITなどには下落圧力がかかりやすくなります。一方で、金利には低下圧力がかかるため、債券価格は上昇しやすくなります。もちろん、景気がよくなればすべての株価が上昇し、景気が悪くなればすべての株価が下落するわけではありません。個別株では景気と連動しないものもあります。同じことは他の商品にも当てはまります。しかし、多くの株を集めた日経平均やTOPIXといったインデックス（指数）単位でみれば、景気の影響を強く受けて価格が上下する傾向にあります。

◆ 市場の動きは景気に先行する？

このように、景気がよくなる局面では株やREITなどのいわゆる“リスク性資産”の価格が上昇する一方で、“安全性資産”といわれる国債などの価格は下落します。逆に、景気が減速する局面では、リスク性資産の価格は下落し、安全性資産の価格が上昇に転じます。もっとも、景気の山（ピーク）や谷（ボトム）のタイミングと、資産価格のピークやボトムのタイミングは、完全に一致するわけではありません。“市場の動きは景気に半年先行する”などといわれます。なぜでしょうか。

景気がよくなる局面では、なんらかのきっかけがあります。たいていの場合、景気がよくなる前、すなわち景気が悪いときにはさまざまな景気対策が実施されます。政府からは公共投資の拡大や減税、中央銀行からは金融緩和（利下げ）が行われます。これらの効果によって「そろそろ景気がよくなりそうだ」と市場参加者が考えれば、景気がよくなる局面で値上りする資産（株など）への投資に関心が向かいます。これらの資産は、それまでの景気悪化で値下りしているはずで、長い目でみれば“割安感”を感じる人もいるでしょう。多くの投資家は「なるべく安く買って、高く売る」ことを目指しているはずですから、これから景気が好転することでそろそろ値上りするかもしれないと思えば、買いに向かうはずです。

また、景気が悪化して金利が低下傾向をたどっていくと、たとえば国債や預金金利などの運用利回りの魅力が低下します。そうなると、相対的に利回りが高い資産、たとえばREITやハイイールド債などの魅力が増してきます。これらの商品の価格は、株式と同じように景気に連動します。不動産価格（賃料収入なども含む）は景気が悪化する局面では下落圧力が生じます。景気が悪化する局面では企業業績も悪化しやすくなるため、特にハイイールド債の対象となるような“格付の低い”企業では破綻リスクも意識されます。しかし、中央銀行の金融緩和などであまりにも国債などの利回りが低下すると、これらの商品との利回り格差（スプレッド）が非常に大きくなります。投資家のなかには「これだけ金利が低下すれば、景気はそろそろ持ち直してくるだろう。先行きの値下りリスクや破綻リスクよりも、スプレッドを考慮すれば（ハイイールド債などに）投資した場合に得られる利益の期待値のほうが大きい」と判断する人も出てきます。

このように、「そろそろよくなるだろう」といったような“期待”が景気に先行するので、市場の動きは景気の動きよりも若干早くなることが多いと考えられます。もちろん、景気が悪くなるときには「そろそろ悪くなるだろう」という“期待”で、市場の動きは先ほどあげた例とは反対の流れで、やはり景気よりも早く方向を変えていくことになります。

◆ 為替相場と景気の関係

為替相場も景気と密接に関係すると考えられます。為替相場は、基本的には2カ国間の実質金利差が変動要因になると先に述べました。たとえば、ドル／円相場であれば米国（ドル）と日本（円）の金利差が影響します。金利差が拡大するような局面では金利が高い国の通貨が上昇し、逆に縮小するような局面では金利が低い国の通貨が上昇しやすくなります[4]。ところで、金利は基本的にその国の景気に応じて上下します。したがって、為替相場も景気に応じて変動すると考えられるのです。

景気と為替相場との関係を、金利の動きを通じてもう少し詳しくみてみましょう。多くの国では、貿易などを通じて景気による影響を相互に及ぼし合っています。このため、特殊な環境に陥っている国を除けば、世界の景気はほぼ同じ方向に動くという性質があります[5]。

4　ドル／円相場の例だと、たいていの場合、日本よりも米国のほうが金利が高いので、金利差が拡大する局面では金利が高いドルが買われドル高円安に、金利差が縮小するような局面では金利が低い円が買われ円高ドル安になる圧力が高まります。

景気がよくなっていく局面では、金利に上昇圧力がかかります。景気好転は、たいていの場合、米国や中国といった経済規模の大きな国から小さな国へと伝播していきます。金利は、景気が好転していく国から順番に上昇していくことになるでしょう。したがって、通貨も景気が先によくなった国から順番に上昇していくことになります。もっとも、多くの国で景気がよくなる“世界同時景気回復”といえるような状況になると、金利の水準や上昇ペースにもばらつきが出てきます。

金利は、中長期的にはその国の名目経済成長率に比例し、10年債利回りと名目GDP成長率はほぼ等しくなるとされています。つまり、名目GDP成長率が高い国ほど金利水準も高い、ということになります。ところで、景気がよくなる局面では経済成長率が高い国ほど成長率は大きく伸びる傾向があるため、金利も大きく上昇しやすくなります。このため、景気がよくなる局面では、もともと成長率が高く金利水準も高い国ほど金利は上昇し、逆にもともと成長率が低く金利水準も低い国ほど金利の上昇幅は小さくなる傾向があります（図表序−10）。

そうすると、景気がよくなる局面では、成長率が高く金利水準も高い国と、成長率が低く金利水準が低い国との金利差は拡大します。このため為替相場は金利が大きく上昇する高金利通貨が上昇し、金利の上昇が相対的には小幅にとどまる低金利通貨が下落

5　特殊な環境というのは、たとえば戦争（内戦）や甚大な自然災害といった非経済的な理由によるものや、財政破綻やハイパーインフレなどの経済的な理由によるものもあります。また、世界の景気は同時に動くとはいっても、たとえば景気が減速する局面において、深刻な不況に陥る国もあれば、ソフトパッチ（一時的な軽い足踏み程度の減速）にとどまる国もあるなど、減速の程度に差は出ます。

図表序－10　景気と金利変動のイメージ

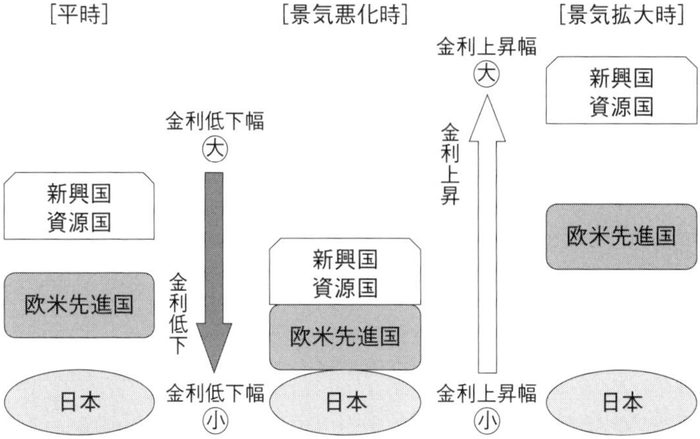

（出所）　筆者作成

しやすくなります。いわゆる“高金利通貨高・低金利通貨安”という局面です。高金利通貨とは新興国や資源国などの、相対的に経済成長率が高い国の通貨が当てはまります。一方、低金利通貨は相対的に成長率が低い先進国の通貨が当てはまりますが、先進国のなかでもとりわけ低金利通貨といえるのが日本円やスイスフランとなります。

ドルを中心に考えると、景気がよくなる初期段階では、世界に先駆けて景気が好転するドル独歩高の様相を呈すことが多くなりますが、景気拡大が世界に広がるにつれ、ドルは新興国や資源国などの高金利通貨に対しては下落し、ドルよりも金利が低い日本円に対しては一段と上昇する傾向が高まるといえるでしょう。

景気が減速する局面では、これと逆の動きが出てきます。景気が減速に転じると、金利は低下に転じます。一般的には成長率の高い国ほど大きく成長率が鈍化し、金利の低下幅も大きくなります。このため、低金利国と高金利国との金利差は縮小傾向をたどります。金利差が縮小する局面では、金利が低い国の通貨が上昇しやすくなると述べました。ドル／円相場は、米国よりも日本のほうが金利が低い（ことが多い）ので、円高ドル安になります。一方で、ドルは米国よりも金利が高い新興国や資源国通貨に対しては、金利差が縮小することで上昇に転じます。全般的には低金利通貨高・高金利通貨安となり、世界のなかで最も金利が低い国の一つである日本円はほぼ独歩高となります。

景気が悪化している局面で円高になると「景気が悪いのに円高になるのはおかしい」という論調がみられます。しかし、実際には“景気が悪くなって（内外金利差が縮小するから）円高になることは正しい”のです。日本の場合、円高になるためにさらに景気に減速圧力がかかる、という側面はあります。

このように、マーケットの動きは景気と密接な関係があります。ですから、景気の動きをある程度見極めることができれば、マーケットの動きをある程度読むことは可能です。もっとも、そうした予想どおりにマーケットが動くとは限りません。そもそも景気を予想すること自体困難です。しかし、景気の動きから市場の動きを読み解くことは、単なる相場観で予想するのとは違い、他人に説明する際の説得力が高まります。そのためには、景気を読むためのツールとして、経済指標の解読が必要になります。もっとも、世界中の経済指標をチェックすることは不可能です。

そこで、最低限必要だと思われる経済指標や、市場が注目している経済指標、知っていると得をする経済指標などについて、次章から順に解説したいと思います。

第 1 章

キホンの基本
景気の動きをつかむ指標

マーケットはさまざまな要因で動きますが、基本的には景気に連動します。しかし、景気がよくなっているのか悪くなっているのか、あるいはそろそろ転換しそうなのかを見極めるのはむずかしいことです。最近では海外資産への投資が非常に増えていますが、海外と一口にいっても数多くの国があり、どこが投資に適しているのか見極めることもむずかしいことといえます。第１章では、景気を見極めるうえで必要とされる最も基本的な経済指標について解説します。

1　GDP

◆ 名目と実質の違い

あまたある経済指標のなかで、最もメジャーなものがGDP（国内総生産）でしょう。GDPは、その国でつくられた新たなモノやサービスの付加価値の合計額を示します。GDPには名目GDPと実質GDPの二つがありますが、一般に重視されるのは実質GDPです。実は、名目GDPこそがその国でつくられた新たなモノやサービスの付加価値の合計額を示すのですが、市場などで注目されているのは名目GDPからインフレの影響を差し引いた概念である実質GDPのほうです。

名目と実質の違いは、見た目と中身の違いと言い換えることもできます。たとえば、１年間に１個100円のものが100個売れ、１万円の売上げがあったとしましょう。翌年は同じものが110個売れ、売上げは１万1,000円に増えました。売上げにおける前年からの増加率は、［11,000÷10,000×100－100＝10％］で10％の増加となります。売上数量が100個から110個に増えたのですから、景気がよくなったのではないかと推察されます。

一方でこんな事例はどうでしょう。１年間に１個100円のものが100個売れ、１万円の売上げがあった翌年、売上数量は100個で変わらなかったにもかかわらず、１個100円から110円に値上げした場合です。このケースでも売上高は前年から10％増加して１万1,000円に増えますが、増えた理由は単に価格が上昇したからです。売上数量は増えていないのですから、景気がよくなったようには思えません。

要するに、売上げ（GDP）が増えたとしても、それが物価上昇（インフレ）によるものであれば、景気がよくなったと判断するのは間違いかもしれないということです。GDPでいえば、物価の動向は考慮せず、単に付加価値の合計額を示したものが名目GDPで、インフレの影響を除去して考えたものが実質GDPです（図表１－１）。したがって、景気の動向を把握する際に重要視され、市場の注目を浴びるのは名目ではなく、実質GDPということになるのです。一方、名目GDPは財政赤字や経常収支といった金額ベースの規模を比較する際によく用いられます。GDP比

図表１－１　米国のGDPの推移（前期比年率）

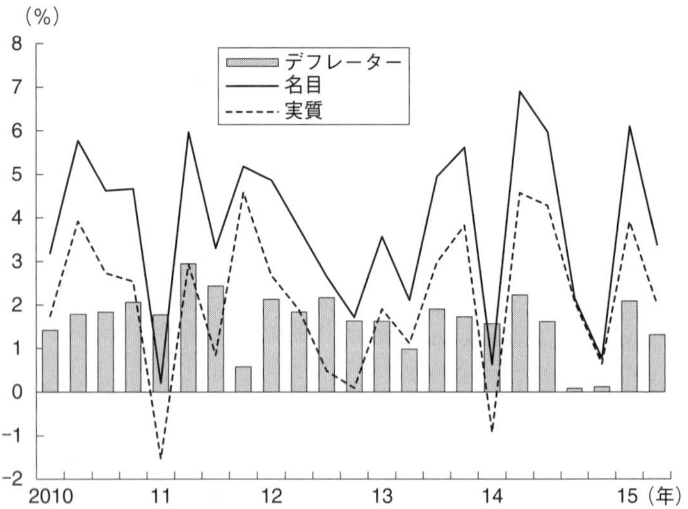

（出所）　米国商務省「Gross Domestic Product」

でみた財政赤字、といった場合には、実質GDPではなく名目GDPを使用します。

◆ 在庫に注目すると最終需要がわかる

GDPは、経済主体別の項目に分かれています（図表1－2）。国によって表現などに多少の差異はありますが、おおむね個人消費、住宅投資、設備投資、政府支出、在庫、輸出、輸入といったかたちになります。もっとも、その細かい項目について分析するのはもっぱらエコノミストの仕事であって、市場は各項目が「どうしたこうした」と騒ぐことはあまりありません。一つだけ気に

図表1－2　GDP項目表（日本の場合）

国内総生産（GDP）	A	B＋O
国内需要	B	C＋J
民間需要	C	D＋G＋H＋I
民間最終消費支出	D	
家計最終消費支出	E	
除く持ち家の帰属家賃	F	
民間住宅	G	
民間企業設備	H	
民間在庫品増加	I	
公的需要	J	K＋L＋M
政府最終消費支出	K	
公的固定資本形成	L	
公的在庫品増加	M	
（再掲）総固定資本形成	N	G＋H＋L
財貨・サービスの純輸出	O	P－Q
財貨・サービスの輸出	P	
（控除）財貨・サービスの輸入	Q	

（出所）　内閣府。ただし、表中アルファベットは筆者による。

しておきたいとするならば、在庫の動きを取り除いたベース（最終需要）がどうなっているかということです。

在庫というのは、特に景気が突然減速する局面で増加するものです（売れ残りのイメージ）。たとえば、企業が前期と同じ数量の製品をつくったとしましょう。前期はすべて売れた（消費された）のに対し、今期は半分しか売れずに、残りは在庫に回ったとします。消費と在庫（売れた分と売れ残った分）の合計は前期も今期も同じですが、実際に消費されたのは半分です。おそらく景気の実勢としては、前期から今期にかけて消費が半分になるくらいですから急速に悪化したと考えられます。しかし、在庫が増えているので、合計額は変わりません。このように、GDP（合計額）は変わらなくても、中身をみると消費が減速していて、かわりに在庫が増えているとすれば、実際には景気が減速していると考えられます。この例でいえば、消費が半分になって在庫が急増した場合、企業は在庫を減らすためにまず減産するでしょう。そうなればGDPは減ってしまいます。減産はさまざまな分野に影響を及ぼします。生産量を減らすのですから、設備投資も抑制されるでしょう。生産ラインを減らすということになれば、そこで働いている従業員も減らす必要が出てくるかもしれません。つまり雇用の悪化です。雇用の悪化は消費の悪化につながります。消費が悪化すればさらに売れ残りの在庫が増え、企業は減産し……。これを繰り返していくと、やがては景気後退（不況）に陥るかもしれません。

こうした動きは現実の世界でもしばしば確認されるもので、GDPの数字がよくても、在庫を取り除いたベースでは案外弱い数字になっているとするならば、それはむしろこれからの景気減

図表１－３　日本のGDPの推移（前期比年率）

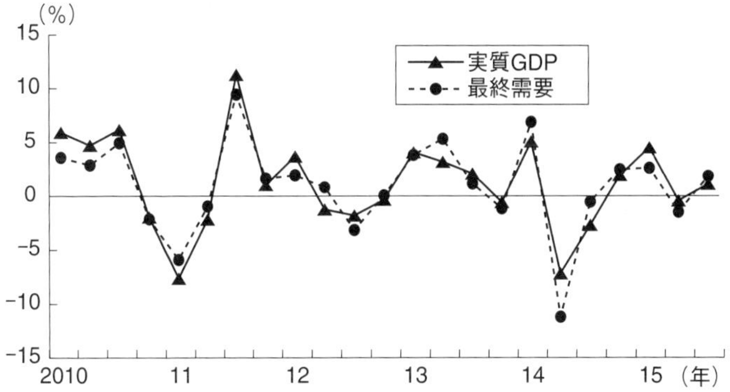

（出所）　内閣府「国民経済計算」

速のサイン（兆候）かもしれないとみるべきです（図表１－３）。

◈ 成長率は四半期ごと（前期比年率）に注目

たいていの場合、実質GDPの伸び率を“経済成長率”といっています。この場合の伸び率は、年間成長率であれば“前年比”、日本の場合は年度（４月～３月）で区切ることが多いので“前年度比”という概念が使われます。一方、マーケットが意識するのは直近の動きとなるので年間成長率への関心は低く、四半期ごとの成長率が意識されます。この場合、伸び率として用いられる数字はいくつかの種類に分かれます。

最近最も使われているのが“前期比年率”という概念です。前の四半期からの変化率のことを“前期比”といいますが、この数字を４乗して年率換算したものが前期比年率です。「直近四半期の成長率は、年間だとどの程度の成長率になるのか」という観点からはじき出された数字[6]で、米国や日本などではこの前期比年

図表1－4　日本の実質GDPの推移

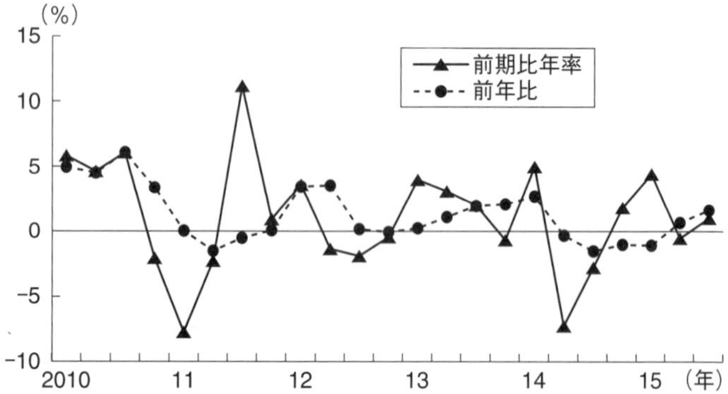

(出所)　内閣府「国民経済計算」

率の成長率を、マスコミなどがトップにあげて報道しています（図表１－４）。一方、欧州では年率換算前の前期比の数字が取り上げられることが多いようです。

◆ 季節調整値

アジアなどの新興国では、経済成長率は１年前の同じ四半期と比較した伸び率である前年同期比が用いられることが多いです。実は、経済の動きには季節ごとの“クセ”があります。たとえば、お盆の時期には旅行者が増える、などです。こうした季節ごとのクセを直すために、季節調整という統計上の処理が行われるのですが、この季節調整後の数値を“季節調整値”と呼びます。前期比や前期比年率というのはすべて季節ごとのクセを直した季

6　四半期データの場合、前期からの変化率を４乗すると年率の変化率になります（たとえば101（前期）÷100（今期）＝1.01（伸び率は1.0％）を４乗したもの（≒1.0406：伸び率は4.06％）が年率換算した伸び率）。

節調整値で比較したものなのです。新興国では、こうした統計処理にかける手間がない、あるいは経済の急速な発展のなかで季節ごとのクセが明確なパターンを示していないなどの理由で、季節調整値が発達していないところもあります。そこで、同じクセをもつ前年同期との比較でみた経済成長率であれば問題がないということで、前年同期比を成長率として認識するケースが多くなっていると考えられます。

◆ 潜在成長率から成長の水準を見極める

経済成長率は、基本的には加速傾向にあれば景気がよくなっている、減速傾向にあれば景気が鈍化している、というふうに解釈します。ただし、成長率の水準次第で評価も変わってきます。たとえば、前期から成長率が鈍化したとしても、あまりにも高い水準であれば“景気が減速している”とは解釈されないでしょう。逆に、成長率が前期よりも高くなったとしても、あまりにも低い水準であれば“景気が改善している”とは評価されないと思います。つまり、成長率は前期から加速しているか減速しているかで景気の方向性を読むことができますが、水準にも気を配る必要があるということです。

ちなみに、発表された成長率の水準が高いのか低いのかを見極めるためには、本来はその国の実力の成長率ともいえる“潜在成長率”を知っておく必要があります。これを上回っているなら失業率が低下するような景気拡大局面、下回っているようなら失業率が上昇するような後退局面にあると判断されます。潜在成長率は国や時代によってまちまちですが、おおむね先進国は低く、新興国は高い傾向があります。経済発展が進むにつれて低下していく、という特徴もあります（図表１－５）。ちなみに、最近では米国では２％台前半、中国では７％程度、日本では１％未満とされています。

ですから、たとえば米国の場合、経済成長率が前期比年率で２％台半ば以上であれば“良好なゾーン”といえます。ただし、前期の成長率が3.5%だったのに対し、今期の成長率が2.7%だったとすると、今期の成長率の水準自体は潜在成長率を上回るのですが、前期から鈍化している点が気になります。さらにその前期から鈍化傾向が続いているのであれば、潜在成長率を上回っているからといって前向きな評価はできません。もし、さらに鈍化するようなことがあれば、翌期には２％台前半と潜在成長率を下回

図表１－５　経済成長率と潜在成長率のイメージ図

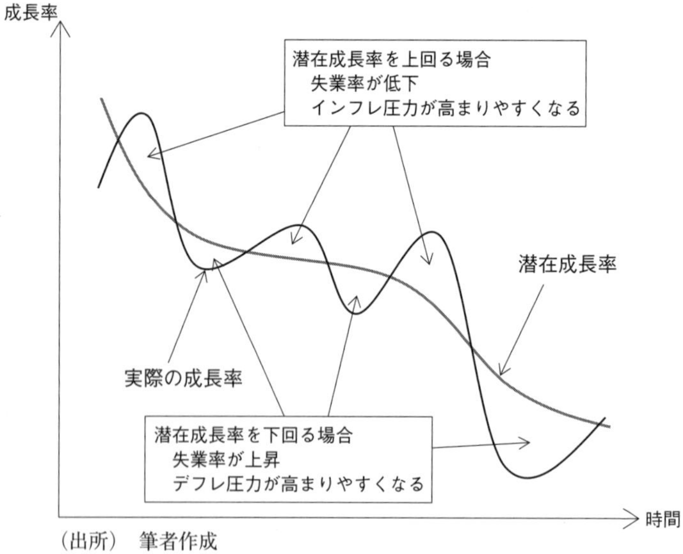

（出所）　筆者作成

る水準となる可能性もあります。したがって、成長率が加速傾向にあるのか、減速傾向にあるのかの見極めは大変重要です。

このように、GDP成長率をみるうえで重要なのは、

① 前期からの変化（加速しているのか減速しているのか）

② 成長率の水準（その国の潜在成長率より高いか低いか）

ということになりますが、指標発表時における市場への影響度という観点からは、

③ 市場コンセンサスとの比較（予想平均を上ぶれたか下ぶれたか）

も重要なポイントとなります。もちろん、これはGDPに限らず、すべての経済指標にもいえることです。

◆ GDPへの注目度がいまひとつの理由

GDPは、その国の経済全体の動きを示します。いわば、GDPの動きはその国の景気の動きを測る指標そのもの、といえます。これから説明する他の経済指標は、経済活動全体のごく一部を示しているにすぎませんから、GDPは“キングオブ経済指標”といえなくもありません。しかし、市場への影響、注目度という点では、キングの名にふさわしい扱いを受けているとはいえません。米国では雇用統計など、日本では鉱工業生産や日銀短観などに比べると、市場へのインパクトは大きくありません。

その理由は、統計の発表が遅いことにあると考えられます。米国では、GDP統計は翌四半期の最初の月の下旬（1月～3月期のGDP統計であれば、4月下旬）に速報値が発表されます。ただし、この速報値では推計によるところが多く、速報値発表の翌月の同時期に暫定値、さらに翌月の同時期に確定値が発表されます。このなかで、市場がそこそこ注目するのは暫定値までとなります

が、それでも２カ月前の経済のことですから、先を読むことに血道をあげる市場からすれば“大昔”の話といえるでしょう。ちなみに、日本のGDPは翌々月の中旬に発表されますから、さらに遅くなります。一方、中国のGDP発表は翌月中旬には発表され、世界で最も早いといわれています。もっとも、広大で人口の多い中国でそんなに早くGDPの集計ができるのか、はなはだ疑問で、信憑性は低いともいわれています。

このように、GDPは景気の動きをつかむうえでは大変重要な指標ですが、速報性がないという点で、市場の関心はいまひとつといった具合です。むしろ、細かな経済指標や市場のセンチメント（市場心理）からみた景況感を後から確認することに意義があるのかもしれません。

2 鉱工業生産指数

◆ 月次（前月比）の伸び率と推移に着目

鉱工業生産指数は、景気の動きをみるうえで、月次で得られる最も基礎的なデータということができ、先進国、新興国を問わず、ほとんどの国で公表されています。鉱工業、ということなので、製造業や鉱業の生産量を指数化して発表されています。鉱工業生産、といった場合は製造業や鉱業の生産量の合計ですが、国によってはかなり細分化された業種の生産量も月ごとに指数というかたちで発表されています。

この指標が注目されるのは、この統計が景気と一致して動く“景気一致指標”という側面があり、かつ月次で発表されるため、四半期で発表され、発表のタイミングも遅くなりがちなGDPに比べ、景気の動きをより細かく、あるいは早く認識できるというメリットがあります。また、多くの国で翌月中には発表されるなど、比較的早く発表されることも、景気の流れを早くつかむためには有用といえるでしょう。

サービス化が進んだ現代において、特に先進国では経済全体に占める製造業や鉱業のウェイトは小さくなっています。しかし、生産活動の動きが景気と一致する、あるいは生産活動の動きそのものが景気の動きを示唆するという点は変わりません。

市場が注目するのは前月比での伸び率が予想を上回ったか、下回ったかという点ですが、景気の動きをつかむという観点では、季節調整後の指数そのものの推移をみるといいでしょう。これが上昇トレンドにあれば景気拡大局面、下降トレンドにあれば景気後退局面に入っているとみなすことができます。ただし、市場がどう動くのか、という点に関心があるのであれば、単に市場の事前予測値を上回ったか下回ったかだけをみれば事足ります。もう少し深掘りして、鉱工業生産という統計から市場の動きを占おうとすれば、景気と一致して動く生産活動の動きを追っても先行きはわかりません。なぜならば、市場は景気の先行きを予想しながら動いていくからです。そのためには、鉱工業生産統計が、今後の景気の動きを示唆するかどうかを見極める必要があります。

◆ 生産活動と在庫循環

そこで、生産活動がどのように決まるのかを考えてみましょう。企業は多くのモノを売りたい一方で、売れ残り（在庫）はあまり抱えたくありません。したがって、需要のようすをみながらモノをつくることになります。仮に、生産した量よりも出荷の量が多くなれば、在庫は減少します。企業にはそれぞれ適正な在庫水準というのがあって、ゼロでも困るし、多すぎても困ることになります。適正在庫水準よりも在庫が少なくなれば、企業は在庫積増しのために生産量を増やします[7]。生産量を増やすために、既存の設備や雇用者数で足りなければ、設備投資をしたり雇用を増やしたりします。これらはすべて景気を押し上げる要因になります。つまり、生産の拡大ペースを出荷の拡大ペースが上回るよ

7　このように、在庫を積極的に増やそうとして生産量を増やす局面を（意図した）在庫積増し局面といい、景気が強含む際に多くみられます。

うになると在庫が減少し、生産活動の押上げにつながります。生産の拡大は、やがて雇用の拡大を通じて消費の押上げにつながり、あるいは設備投資の拡大につながって、景気をより強く拡大させます（図表1－6）。

逆に、需要が鈍化し始めるなどして出荷量が生産量を下回るようになると、在庫が増加していきます。適正水準以上に在庫が増加すれば、企業は在庫量を減らすために生産活動にブレーキをかけようとします。それですめばいいのですが、翌期にさらに需要が落ち込み、在庫積上がりに拍車がかかるようになると、企業は

図表1－6　在庫循環図

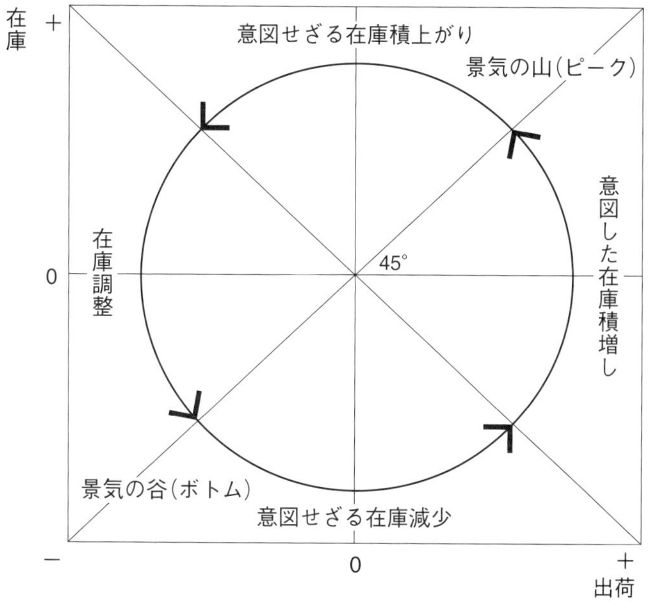

（出所）筆者作成

より強く生産活動を抑制しようとします[8]。このように、在庫を減らすために企業が減産することを在庫調整局面といい、景気減速局面にみられる典型的な現象となり、そのまま景気後退局面（不況）に入ることもあります。なぜかというと、在庫調整が進展しない（なかなか過剰在庫を減らせない）と、経済全体に悪影響が及ぶからです。

生産量を減らせば、工場の稼働率などが低下して余剰設備が生まれます。設備が余るような状態になるのですから、新規の設備投資需要は減少します。さらに設備の稼働が落ち込めば、そこで働く従業員を減らす必要が出てくるかもしれません。失業者の増加は消費の落込みにつながるので、新たな需要の減退となって出荷のさらなる落込みを招き、在庫調整の進展を遅らせます。

一方、消費の落込みは飲食や娯楽などのサービス支出の抑制としても現れますから、サービス業にも売上げの減少というかたちで影響が及びます。製造業ばかりでなく、非製造業でも売上げが減少していけば、企業は生き残りのためにコストをカットしますが、手っ取り早いのは最大のコストである人件費の抑制です。ボーナスの支給減、賃上げの凍結、新規募集の抑制、早期退職の奨励、雇用カット……これらはすべて消費のさらなる減速につながり、不況度合いを強めていくことでしょう。

このように、景気の流れが変わる局面で、生産や出荷、在庫の動きに変化が生じることが非常に多くみられます。出荷が伸び悩む局面で在庫の増加基調が続く場合は景気が減速する兆候、在庫

8　このように、出荷が予想を下回るなどして在庫が積み上がってしまう局面を（意図せざる）在庫積上がり局面といい、減産を迫られるなど景気が減速する際に多くみられます。

が減少する局面で出荷の伸びが加速していれば景気が力強さを増す兆候ととらえることができます。

国によって、生産統計と出荷や在庫統計が異なっていたり、あるいは生産の統計は発表されても、出荷や在庫の統計は発表されていない国もあります。しかし、日本では鉱工業生産統計で出荷や在庫の動きも発表されます。米国では、生産統計とは別の統計で製造業など業種別に分けた出荷（売上げ）、在庫統計が発表されています。

景気と一致して動く生産活動の動きから足元の景気の流れをつかみ、可能であれば出荷や在庫の動きをみることで、景気の先行きの動きをつかむことができれば、これからの市場の流れもつかむことができるので、ぜひ関心をもってもらいたい経済指標です。

3 景気動向指数

景気動向指数は、市場でそれほど注目される統計ではありません。しかし、景気の動きをつかむには有用な統計です。

景気動向指数というのは、景気をつかむために“つくられた”経済指標です。というのは、たとえば日本の場合、景気一致指数、景気先行指数、景気遅行指数という3種類の指数があります[9]。それぞれが、他の経済指標からつくられた合成指数で、景気動向指数自体が何かのデータを集計したものではありません。

たとえば、日本の景気一致指数は、鉱工業生産指数や耐久消費財出荷指数、所定外労働時間指数など10個の経済統計を合成して作成されたものです。では、一致、先行、遅行の違いは何かというと、一致指数は景気に一致して動く傾向のある経済指標を合成したもの、先行指数は景気に先行して動く傾向のある経済指標を合成したもの、遅行指数は景気に遅行して動く傾向のある経済指標を合成したもので構成されているということです（図表1－7）。つまり、それぞれの指数を合成している経済指標が異なるのです。そして、一致指数はまさに景気と同じタイミングで上下し、先行指数は半年程度景気に先行して動きます。また、遅行指数は景気に半年程度遅行して動く傾向があります。

日本の場合、景気動向指数を用いて、景気が拡大局面にあるの

9　それぞれが、コンポジット・インデックス（CI）とディフュージョン・インデックス（DI）に分かれています。主指標はCI。以前はDIが主指標でしたが、いまは参考指標として発表されています。

図表1－7　日本の景気動向指数の採用系列

一致系列
　鉱工業生産指数
　鉱工業用生産財出荷指数
　耐久消費財出荷指数
　所定外労働時間指数（調査産業計）
　投資財出荷指数（除輸送機械）
　商業販売額（小売業、前年同月比）
　商業販売額（卸売業、前年同月比）
　営業利益（全産業）
　中小企業出荷指数（製造業）
　有効求人倍率（除学卒）
先行系列
　最終需要財在庫率指数（逆）
　鉱工業用生産財在庫率指数（逆）
　新規求人数（除学卒）
　実質機械受注（製造業）
　新設住宅着工床面積
　消費者態度指数
　日経商品指数（42種総合）
　マネーストック（M2）（前年同月比）
　東証株価指数
　投資環境指数（製造業）
　中小企業売上げ見通しDI
遅行系列
　第三次産業活動指数（対事業所サービス業）
　常用雇用指数（調査産業計、前年同月比）
　実質法人企業設備投資（全産業）
　家計消費支出（勤労者世帯、名目、前年同月比）
　法人税収入
　完全失業率（逆）
　決まって支給する給与（製造業、名目）
　消費者物価指数（生鮮食品を除く総合）（前年同月比）
　最終需要財在庫指数

（出所）　内閣府

か、それとも後退局面にあるのかを判断しますので、政策的あるいは学術的には大変重要な統計です[10]。しかし、市場の関心はあくまでも景気の先行きですから、実際には景気先行指標がどうなっているのか、が重要といえるでしょう。もっとも、景気動向指数は構成指標が発表されないと作成できません。したがって、先に発表される景気先行指標の構成項目となる経済指標が入手できれば、事足りてしまいます。実際には、構成項目となる経済指標は、メディアなどで報道される主指標（ヘッドライン）ばかりではなく、発表される資料を細かくみないと入手できないものもあります。また、CIとして合成する際には細かな統計処理を行う必要があるため、構成指標だけでは先行指数がどうなるかはわかりません。

なかなか扱いにくい経済統計ではありますが、景気がどのように動いているのか、転換点が近づいているのかといったことを把握することは、市場の流れをつかむうえでは重要でしょう。多くの国では、発表資料のなかに過去からの推移を表すグラフも掲載しています。これらを確認することで、一見して景気の方向性がわかるのです。

10　より正確には、有識者による景気動向指数研究会が、さまざまな経済指標などから総合的に判断します。ただし、ヒストリカルDIという指標で景気の山（ピーク）と谷（ボトム）の時期を判定しています。

4　消費者物価指数

◆ 物価は景気の体温計

物価の動きは、市場の流れをつかむうえでは非常に重要な統計です。物価が上昇圧力を強めていけば金利が上昇し、金利が上昇すれば株や不動産などの資産価格に下落圧力が生じます。実質的には市場の動きをコントロールすることができる金融政策をみるうえでも重要です。同時に、物価は景気に応じて動きます。ですから、景気の動きが読めれば物価の動きを予想でき、物価の動きから景気の動きをみることもできます。そして、世界中のほとんどの国で、物価統計は最重要統計の一つという位置づけです。

消費者物価指数は、消費段階での物価の動きを集計したもので、卸売り段階での物価（卸売物価や生産者物価などといわれる）とは、異なる段階での物価の統計です。一般には、スーパーや百貨店、自動車ディーラーといった小売り段階や、映画館や遊園地の入場料、飲食店や美容院の各種サービス価格などの動きをみたものです（図表1－8）。

ヘッドラインは物価全体の動きを前月比や前年同月比の伸び率で、四半期で発表されている国であれば前期比や前年同期比の伸び率でみたものになります。ただし、より注目されているのはエネルギー関連や生鮮食料品関連を除いたベースの物価で、これをコア物価などといいます（日本では生鮮食料品を除いた物価をコアと呼び、エネルギー関連も除いたベースはコアコアと呼ばれる（図表

図表1－8　日本の消費者物価統計の10大費目指数

項目			ウェイト
総合			10,000
		生鮮食品を除く総合	9,604
		食料（酒類を除く）およびエネルギーを除く総合	6,828
	食料		2,525
		生鮮食品	396
		生鮮食品を除く食料	2,130
	住居		2,122
	光熱・水道		704
	家具・家事用品		345
	被服および履物		405
	保健医療		428
	交通・通信		1,421
	教育		334
	教養娯楽		1,145
	諸雑費		569

（出所）　総務省統計局「消費者物価指数」

1－9））。実際、物価全体の動きではなく、コア物価などを金融政策遂行時の指針の一つとしている中央銀行が増えつつあります。あるいは、物価全体の動きを指針としながらも、実際にはコア物価の動きを注視していると考えられる傾向が強まっています。なぜエネルギーや食料品を除いたベースが重要かというと、エネルギー関連価格や生鮮食料品価格は景気の動向とは関係なく上下することが多いからです。

基本的に、物価は景気の体温計と呼ばれるほど、景気と密接な関係があります。物価、すなわち価格は需要と供給のバランスで決まると考えられています。景気がよくなると、消費者はいろい

図表1－9　日本の消費者物価の推移（前年同期比）

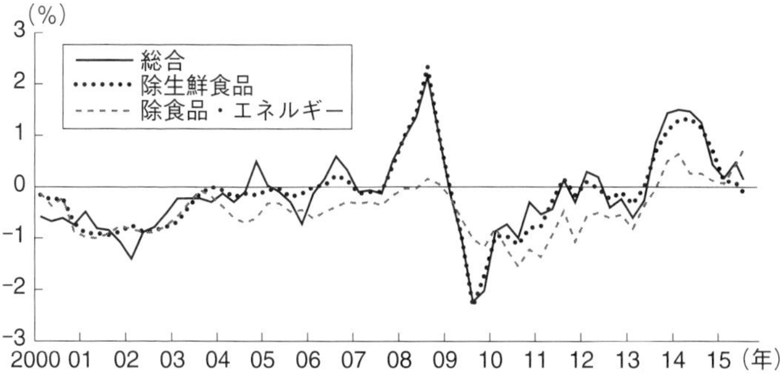

（注）　消費税率引上げの影響を第一生命経済研究所試算により除く。
（出所）　総務省統計局「消費者物価指数」

ろなモノを購入し、消費が増えていきます。これを需要が増える、といいます。需要が拡大して供給とのバランスが崩れ、需給が逼迫すると価格が上昇しやすくなります。たとえば、オークションを想像してみてください。多くの人がほしいと思うようなモノであれば、価格はどんどん上昇していきます。逆に、景気が悪くなると、人々の購買意欲は衰え、需要が減少していきます。需給が緩和してモノが余るようになると、価格は下がりやすくなります。売れ残ったモノを値下げして一気に売ろうとする在庫一掃セールなどが、端的な例です。

◆ エネルギーと生鮮食料品を除く理由

このように、物価の動向と景気には密接な関係があります。しかし、エネルギーや生鮮食料品は、景気の動向とは関係なく価格が上下することがあります。エネルギー価格（電気代やガス代、ガソリン代、灯油代など）は、基本的に原油相場によって大きく左右されます。原油相場は世界の需給、すなわち景気で決まるはずですが、時として景気の流れから大きく逸脱した動きをみせます。たとえば、戦争です。主な原油供給地である中東で戦争が起こると、原油採掘や輸送に支障が生じ、供給量が減少する、あるいは減少懸念が生じ、原油相場が急騰します。原油価格が急騰すれば、各種エネルギー関連価格も上昇します。しかし、これは景気には関係のない要因による価格の上昇です。

生鮮食料品も同じです。野菜などの収穫量は、天候によって左右されます。天候不順が続き、野菜の収穫量が減少すると、野菜の価格は上昇します。収穫量が減少するということは供給が減少するということです。需要が一定であれば、供給が減少した分だけ需給が逼迫し、価格は上昇します。逆に、好天が続き、収穫量が大幅に増えると価格は下落しやすくなります。“とれすぎて値崩れのおそれがあるので、収穫を抑えた”などのニュースがあることからもわかるとおり、供給が増えることによって需給が緩和して価格が下落するのです。しかし、これも景気とは関係のない要因です。

このように、価格は需要と供給のバランスで決まると述べましたが、需要は景気によって左右される度合いが大きい一方で、供給は景気以外の要因によって決まることもあります。ですので、特に供給面に変動の大きいエネルギーや生鮮食料品に関連した物価を取り除いたベースでの物価の動きが、景気の実勢に即していると考えられます。

◆ 中央銀行がコア物価を重視する理由

そしてなぜコア物価を重視する中央銀行が増えつつあるのかと

いうと、中央銀行の主目的ともいえる物価の安定という仕事と関係があります。多くの中央銀行は、その政策目標として物価の安定をあげています。しかし、中央銀行は直接物価をコントロールする力をもっていません。ただし、金利を上下させたり、資金供給量をコントロールすることで景気にある程度影響を及ぼすことはできます。たとえば、物価上昇率が中央銀行の意図よりも高まりそうな場合、中央銀行は利上げをしたり、資金供給量を絞ったりすることで景気にブレーキをかけ、インフレの高進を抑えようとします。景気が減速すれば、需要が減退することで需給が緩和し、価格に下落圧力がかかるからです。逆に、物価上昇率が中央銀行が望む水準よりも鈍化するような場合、中央銀行は利下げをしたり、資金供給量を増やしたりすることで景気に浮揚効果を与え、デフレに陥るような事態を回避しようとします。景気が回復すれば、需要が拡大することで需給が改善し、価格に上昇圧力がかかるからです。

このように、中央銀行は景気に影響を与えて物価の安定を目指しているといえるのですが、そもそもの物価の動向を見誤るとどうなるでしょうか。たとえば、原油や生鮮食料品の供給量が戦争や天候不順などの一時的な要因で減少したことで物価上昇率が加速したにもかかわらず、物価の騰勢を抑制しようとして金利を引き上げると、需要が減退し、景気が想定外に悪化してしまうでしょう。この場合、物価の上昇は一時的な供給の減少による需給の逼迫によってもたらされたもので、需要が増大したことによるものではないからです。需要自体が強くなっていないにもかかわらず、需要をさらに冷え込ませるような利上げを行えば、景気が失速してしまうリスクがあります。

したがって、消費者物価統計をみる場合は物価全体の伸び率だけでなく、中央銀行が金融政策を行ううえで参照にするベースの物価に注意を払う必要があります。多くの中央銀行は、そうした参照値とする物価の伸びをどの程度が望ましいか定めています。日銀は生鮮食料品を除く物価上昇率（前年対比伸び率）を２％程度にすることを目標として掲げています。一方で、ユーロ圏の中央銀行であるECBは消費者物価全体の上昇率を２％を超えない程度でなるべく２％近くにするとしていますので、ユーロ圏の物価については消費者物価全体の上昇率に注目する必要があります。もっとも、消費者物価全体の伸びが２％を超えても、コア物価が２％を下回っていて大きく変動していない場合は様子見を決め込むこともあり、やはりコア物価の動向も見逃せません。米国の中央銀行であるFRBは、個人消費デフレーター（PCEデフレーター）が長期的に２％程度になるようにすることを目標の一つとしています。消費者物価に対し、個人消費デフレーターはより消費支出の実体に近いモノやサービスの物価を示していると考えられています。しかし、消費者物価のほうが、個人消費デフレーターよりも発表時期が早いこともあり、市場の関心が高いのが実情です。消費者物価の上昇率のほうが、個人消費デフレーターの上昇率よりも高いという“クセ”をつかめば、どちらでみてもいいということなのでしょう。

要は、物価の方向性（加速しているのか減速しているのか）が最も重視されるということです。繰り返しになりますが、消費者物価統計は市場に大きな影響を与える中央銀行の金融政策を見極める最も重要な指標です。しかし、中央銀行はあくまでも景気と物価の関係を重視したうえで物価うんぬんとしているのであり、その本質からすれば、景気との連動性がより高いコア物価にも注目するべきと考えます。

第2章

プロも翻弄
市場が注目する経済指標

景気を見極めるうえで最も重要な指標が、マーケットが最も注目する指標とは限りません。また、マーケットは毎日どこかで発表されている経済指標のすべてに関心を払っているわけではありません。多くの経済指標は、発表されても市場の材料になることはありません。一方で、世界中のマーケットが固唾をのんで発表を待つ経済指標もあります。第２章では、市場が強い関心を示す経済指標について解説します。

1　雇用統計（米国）

◆ 毎月第一金曜日に世界が注目

米国の雇用統計は“世界で最も注目される経済指標”といっていいでしょう（図表２－１）。原則的に毎月第一金曜日に前月分が発表されます。その結果次第で米国市場の流れが大きく変わることもあるので、米国雇用統計発表日はアジア市場でも取引が薄くなることもあるほどの影響力をもっています。世界経済の牽引車である米国経済。その米国経済を左右するのが個人消費です。個人消費を決定づける最も重要な要素は所得ですが、所得の動向を示唆する基本的な統計が雇用動向なので、米国の雇用統計は世界

図表２－１　米国雇用統計

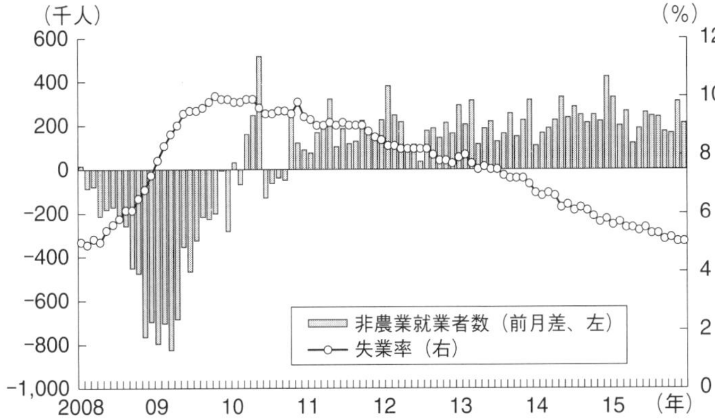

（出所）　米国労働省「THE EMPLOYMENT SITUATION」

で注目されている、と考えればいいでしょう。統計発表が早い、というのも市場が注目する理由の一つです。

このように、米国の雇用統計は世界経済に影響を及ぼす米国の個人消費動向に直結する統計という点で注目度が高いという側面のほかに、もう一つ注目すべき点があります。それは米国の中央銀行であるFRBが注目しているということです。FRBが法的に課せられている目的は、他の中央銀行と同様の物価の安定のほかにもう一つ、雇用の最大化があります。このため、FRBは雇用動向に強い関心を払っています。金融政策は市場を動かす非常に大きな力をもっていますから、当然のことながら市場も雇用統計に注目することになります。FRBの金融政策と雇用との関係の詳しい内容は後述することにします。

◆ 非農業部門就業者数と特殊要因による影響

雇用統計は、失業率などを調査する家計調査と、業種ごとの就業者の動きなどを調査する事業調査との二つの統計がミックスされたものです。そして、雇用統計のヘッドラインはまさにこの二つの統計のヘッドラインといえる失業率と非農業部門就業者数（前月差）です。失業率は単純に前月から改善（低下）したかどうかが注目されます。労働力人口に占める失業者の割合を示している統計なので、水準が低いほど雇用環境が良好なことを示しています。つまり、景気がよくなるほど失業率は低下していきます。逆に、失業率が趨勢的に上昇傾向をたどるようであれば、景気は悪化していることを示します。

非農業部門就業者数は前月からの増減幅が改善したかどうかが注目されます。景気がよくなれば雇用は改善し就業者は増えるはずですから、増加幅が大きくなるほど景気が力強く改善していることを示していると考えていいでしょう。ちなみに、非農業部門就業者数は、前月差で20万人以上の増加となったか否かも注目されます。20万人以上の増加であれば趨勢的に失業率が低下する、つまり雇用環境が改善していることを示していると考えられているからです。この増加ペースを維持している局面では、基本的に米国経済は好調といってもいいでしょう。

失業率と非農業部門就業者数の動きをみるうえで注意すべき点があります。まず、月ごとのばらつきが比較的大きいということです。雇用統計の調査週は、毎月12日を含む1週間と定められていて、その週にたまたま失業した人が増えたりすれば、実勢よりも悪い結果が出てしまいます。そんな“たまたま”が起こるのかと思われるかもしれませんが、特殊要因によって実勢対比で強い数字や弱い数字が出ることがしばしばあります。たとえば、冬場であれば寒波による大雪、夏場であれば熱波やハリケーンといった天候要因は、年に一度くらいは雇用統計に大きな影響を及ぼしています。このほかにはストライキや夏期休暇などの時期（自動車工場の一斉休業などの時期が年によって異なる）によって影響を受けることもあります。特に夏や冬といった時期には、こうした特殊要因の影響を受けることが多いので注意が必要です。

景気がよいはずなのに突然数字が悪くなったといったような場合には、特殊要因によって就業者数が下ぶれている可能性があります。特殊要因があるかどうかは統計上の数字だけでは把握できませんが、統計を発表する米国労働省が「特殊要因がある」とコメントしたり、エコノミストを含めた市場関係者がレポートなどで言及することで、新聞などでも書かれることがあります。基本的には、１カ月の数字に慌てるのではなく、趨勢を見極めることが必要です。そのためには、過去３カ月間の就業者増加数の平均値で評価する方法も考えられます。

◆ 失業率の逆行

次に、失業率については、雇用環境が改善しているのに上昇したり、逆に悪化しているのに低下したりと、雇用の実勢と逆方向に動くことがある点に注意が必要です。これは米国の雇用統計に限った現象ではなく、どこの国でも起こるものです。細かな定義は国によって違いはありますが、米国の場合、失業率とは“労働力人口（16歳以上で、軍隊従事者、刑務所の服役者、働く意思のない者は含まれない）に占める失業者（失業中だが就業可能で、過去４週間以内に求職活動を行った者）の割合”となっています。問題となるのは、失業者というのはあくまでも求職活動を行うなど“働く意思があるにもかかわらず失職中である”人に限られるということで、仕事探しを諦め、職を得るための活動をしていない人は失業者にすらカウントされないということです。

実際に、こんな現象が起きます。景気が悪化すると失業者が増え、失業率が上昇します。ところが、景気悪化が長期化すると、職探しを諦める人が出てきます。失業してしばらくは失業保険が給付されますが、給付期間が終了した段階で職を得るか、あるいは職を得るための活動を行わなければ、統計上は失業者という定義から外れてしまいます。つまり、失業者の減少です。これにより、失業率は低下します[11]。実際、失業期間が長期化すると、就業活動を諦めてしまう人は少なくありません。そのため、就業者数は増えていないにもかかわらず、失業率が低下することがあります。

しかし、雇用回復基調が強まって、人件費などの就業条件も改善するようになると、就業を諦めていた人たちが再び就職活動を始めるようになります。この人たちは、就業活動を諦めた段階でいったん労働力人口からも、失業者からも外れましたが、再び就職活動を始めた段階で労働力人口にカウントされると同時に、失業者として統計上認識されます。これは、失業率の押上げ要因となります。雇用回復が強まってくるなかで、このように就業活動を再開する人が増えると、一時的に失業率が上昇するような圧力が生まれることがあるのです。

こうした“失業率の逆行”は、前述したような局面ではよくみられる現象です。惑わされないためには、失業率の数字だけではなく、就業者数が増えているのかどうかをきちんと把握することが必要です。ですから、景気がよくなったという話は聞かないのに失業率が低下している場合は、就業者数が増えていないことで、実際には雇用は悪化傾向が続いていることが認識できます。逆に、景気がよくなっているはずなのに失業率が上昇した場合は、就業者数は増加していることで、実際には雇用は改善傾向が続いていることが認識できるはずです。

◆ 時間当り賃金

以上述べてきたように、米国の雇用統計のヘッドラインとして

11　失業率は、失業者数÷労働力人口×100で示しますが、職探しを諦めた人は分子である失業率だけでなく、分母である労働力人口からも外れます。ただし、失業者数に比べて労働力人口のほうが圧倒的に多いので、分母、分子ともに同じ数が減少した場合、比率は低下します。

市場が注目するのは、失業率と非農業部門就業者数の二つですが、実際には数多くの項目が発表されています。それらのなかで重要なものとしては、時間当り賃金があります。時間当り賃金は、平均時給の水準を示すもので、市場では伸び率（前月比）が注目されています（図表2－2）。時給が注目されるのは、①時給が拡大すれば、それだけ所得が増えることになるので、消費押上げにつながる、②時給の伸びが加速すると、やがてインフレの加速につながるリスクがある、という点があるからです。特に、②についてはFRBの金融政策の見極めの点からも重要です。

賃金は、雇用の改善が進んで人手不足感が強まると上昇傾向を強めるようになります。人手不足が強まる、すなわち労働需給が逼迫すると、企業はよりよい条件を提示しないと人を雇えない、あるいはよりよい条件を提示する他の企業に従業員が転職してしまうおそれが出てきます。このため、企業は賃金を引き上げて、

図表2－2　米国時間当り賃金の推移（前月比）

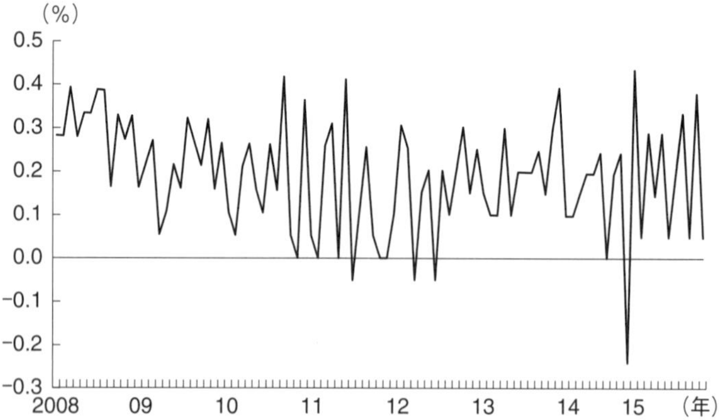

（出所）米国労働省「THE EMPLOYMENT SITUATION」

雇用を確保する、あるいは従業員が他企業に流出してしまうのを防ごうとします[12]（図表2－3）。

このように、労働需給の逼迫は賃金の上昇につながります。時給が上がればその分給料が増えるわけですから、消費の拡大にもつながります。ここで注目したいのは前月比の伸び率ではなく、前年同月比の伸び率です。もし、時間当り賃金の前年同月比伸び率が、消費者物価の前年同月比伸び率を上回るようになったら、消費を力強く押し上げる効果が期待できるようになります。物価

図表2－3　米国時間当り賃金と失業率の推移

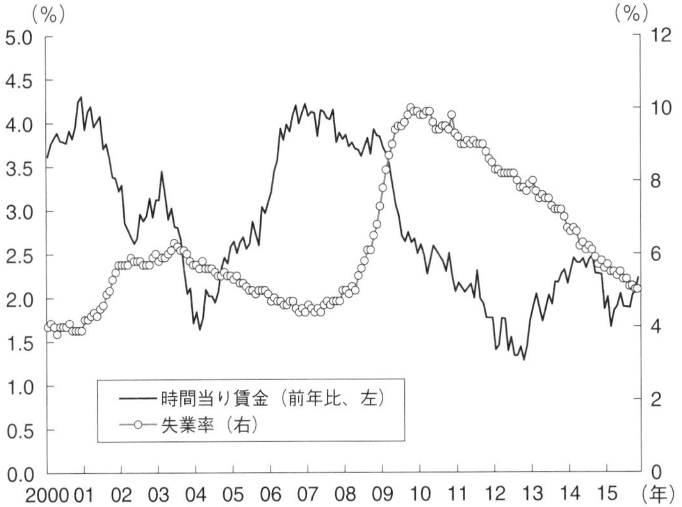

（出所）米国労働省「THE EMPLOYMENT SITUATION」

12　賃金を“労働者の価格”と考えれば、失業率が低下して労働需給が逼迫すると賃金（労働者の価格）が上昇する。逆に、失業率が上昇して労働需給が緩和すれば賃金が下落する、といえます。すなわち、労働需給と賃金は、モノの価格が決まる理屈と同じということです。

が上昇しても、それ以上に収入が伸びるようになれば、生活は楽になるからです。

しかし、賃金の上昇ペースが加速するようになると、今度はインフレの加速が懸念されます。賃金の上昇は企業にとってコストの上昇を意味し、なんらかの手を打たないと収益が悪化します。これを防ぐためには、大きく分けて二つの方法が考えられます。一つは、人件費以外のコストを減らすこと、もう一つはコストの上昇分を価格に上乗せすることです。どちらを選択するかは企業の戦略次第ですが、このような局面、すなわち賃金が上昇して人々の所得環境が良好なため、ある程度価格を引き上げても購買力が衰えないと考えられる局面では、多くの企業は人件費の上昇分を価格に転嫁する、すなわち値上げを選択すると考えられます。値上げ、すなわち物価の上昇です。

こうして賃金の上昇は、やがてインフレの加速につながるリスクを高めるのです。ここで注目したいのが“物価の番人”の異名をとる中央銀行の行動です。中央銀行の主要目的は物価の安定ですから、インフレリスクを見過ごすわけにはいきません。そこで注目されるのがFRBの行動です。当然のことながら、インフレリスクが高まればFRBはこれを抑えるために利上げなどを行うでしょう。したがって、市場はFRBの金融政策をみるうえで、インフレの前兆を示す指標となる時間当り賃金の動向にも注目するのです。

2 ISM製造業景況指数（米国）

◆ 米国景気の実態を示す代表的統計

ISM（アイエスエム）製造業景況指数は、米国の製造業の景況感を示す月次の経済統計で、アンケート調査に基づいています。翌月第一営業日に発表されるという“発表の速さ”が特徴です。基本的に、早めに発表される経済統計は、市場の注目度も高い傾向があります。市場は経済のいまを知り、先を読もうとするので、最近のことを示す統計ほど注目されるのです。

しかし、この統計が注目されるのはそれだけではありません。製造業の生産活動は、基本的に景気に一致して動く傾向があるた

図表2－4　ISM製造業景況指数の推移

（出所） Institute for Supply Management

め、ISM製造業景況指数はいまの米国の景気を示す統計ともいえるからです。

ISMというのは、この統計を集計、発表している団体（全米管理協会：Institute for Supply Management）の名前の頭文字をとったものです。ヘッドラインは景況指数で、PMI（ピーエムアイ：Purchasing Managers' Index＝購買担当者指数）と呼びます。PMIは50を上回れば景気が拡大していることを、逆に下回れば悪化していることを示すとされており、42.6ポイントが実質GDP成長率のゼロに相当するとされています。

市場は、①判断基準の分かれ目となる50を上回っているかどうか、②前月から改善（上昇）したのか、それとも悪化（下落）したのか、の２点に特に注目します。

先ほども述べたように、この統計はアンケート調査です。全米の製造業約400社の購買担当責任者に対し、新規受注・生産・雇用・入荷遅延・在庫・仕入価格・受注残・顧客在庫・輸出・輸入について、前月から［1．増加（上昇）した、2．同じ、3．減少（下落）した］かどうかを尋ねています。

それぞれの指数のつくり方は単純で、［増加した］との回答割合に、［同じ］との回答割合の半分を足したものとなっています[13]。たとえば、［増加した］との回答割合が30％、［同じ］との回答割合が50％、［減少した］との回答割合が20％だった場合、指数は30＋（50÷２）＝55となります（［減少した］との回答割合は計算されない）。ヘッドラインとなるPMIは、先ほどあげた10項目のうちの新規受注・生産・雇用・入荷遅延・在庫の５項目の指数

13　ただし、季節ごとの特徴的な変動を避けるため、季節調整をかけています。

の平均値となります。

このようなかたちで作成される指数をDI（ディーアイ：Diffusion Index）と呼びます。あくまでもアンケート調査に基づく統計ですから、生産高や売上高といったような経済活動を実際に取引されたお金で集計したものとは異なります。しかし、“景気は気から”という言葉があるように、このようなアンケート調査は驚くほど景気の実態をよく示します。実際の取引金額を積み上げた実態統計がさまざまな特殊要因でブレることがあるのに対し、回答者の良くなったか、それとも悪くなったかという単純化された感覚の変化のほうが、基調の変化などを安定的に示すと考えられています。

◆ PMI以外の項目も有用

ところで、市場が最も注目するのはヘッドラインであるPMIの動向ですが、各項目の動向も景気をみるうえでは有用ですし、時には市場を動かす要因になることもあります。たとえば、製造業の受注動向を尋ねた新規受注DIは、生産活動の先行指標となるため、景気の先行きを示してくれます（詳しくは第３章「知っていれば一目置かれる？　マイナーでも重要度は高い指標」で解説します）。また、生産DIや雇用DI、在庫DI、輸出DI、輸入DI、仕入価格DIは、それぞれ鉱工業生産統計や雇用統計、製造業受注・出荷・在庫統計、貿易統計、生産者物価統計と関連します。しかし、それらの実態統計よりも早く発表されることから、（その後発表される）実態統計の予測をすることができます。なかでも、雇用統計や鉱工業生産統計は市場の注目度も高いことから、雇用DIや生産DIの動向を重視する市場関係者も多くいます。

3　鉱工業生産指数（日本）

◆ 月次での最注目指標

「第１章　キホンの基本　景気の動きをつかむ指標」でも出てきた指標ですので、ここでは日本の鉱工業生産統計の注目点に焦点を絞って述べたいと思います。

日本の鉱工業生産統計は、翌月末頃に発表されますから、決して早く手に入る指標とはいえません。しかし、主要統計の多くが月末に集中して発表されるので、景気の動きと一致する鉱工業生産統計が“最も早く入手できる景気の動きを示す指標”なのです。もう一つ、日本経済の牽引車はやはり製造業です。ですから、生産活動は日本経済を見極めるうえでやはり重要なのです。

こうしたことから、鉱工業生産指数は日本の月次経済指標のなかで最も注目される経済統計といえるでしょう（図表２－５）。

◆ 製造工業生産予測指数

ヘッドラインは鉱工業全体の生産指数の前月対比伸び率となります。市場の注目点は、事前の市場予想コンセンサスを上回るのか、それとも下回るのかということで、他の多くの統計と同じです。しかし、日本の鉱工業生産ではもう一つ、製造工業生産予測指数も注目されます。

鉱工業生産統計は経済産業省が発表しています。毎月、鉱業と製造業の生産、出荷、在庫、在庫率指数が発表されています。製

図表2－5　鉱工業生産指数の推移

(出所)　経済産業省「鉱工業（生産・出荷・在庫）指数」

造業は、さらに細かい業種に分かれてそれぞれの指数が発表されているほか、細かい品目別の指数も発表されており、業種分析などにも役立ちます。こうした実績統計のほかに発表されているのが、製造工業生産予測指数です。これは、製造業の先行き2カ月分の生産見通しのアンケート結果で、主要企業から生産数量の前月実績値、当月見込み値と翌月見込み値をヒアリングし、前月からの伸び率として公表されています[14]。

たとえば、7月末に発表される鉱工業生産指数は前月実績、すなわち6月分のデータとなります。ここで発表されている製造工業生産予測指数は6月実績と7月見込み、および8月見込みとな

14　調査対象は195品目。統計表では、主要業種別と主要財別に分かれて掲載されています。

ります。すなわち、前月の実績値だけでなく当月と翌月の生産見込みも発表されるので、生産活動の先行きのイメージもつかめるのです。これは、景気の先行きを読んで動こうとする市場には大変有益な情報といえるでしょう。この数字は、製造工業に限定したものですから、ヘッドラインとなる鉱工業生産とは対象範囲が異なります。しかしながら、製造工業生産予測指数と同じベースでの実績値も発表されているので、今後生産活動の伸び率が加速していくのか、それとも減速していくのか、あるいは実績の落込みをカバーできるのかどうかなど、得られる情報から景気の方向性やペースを読むことはできます（図表２－６）。

予測指数のもう一つの有益な点は、前月に発表された予測指数

図表２－６　製造工業生産予測指数の推移

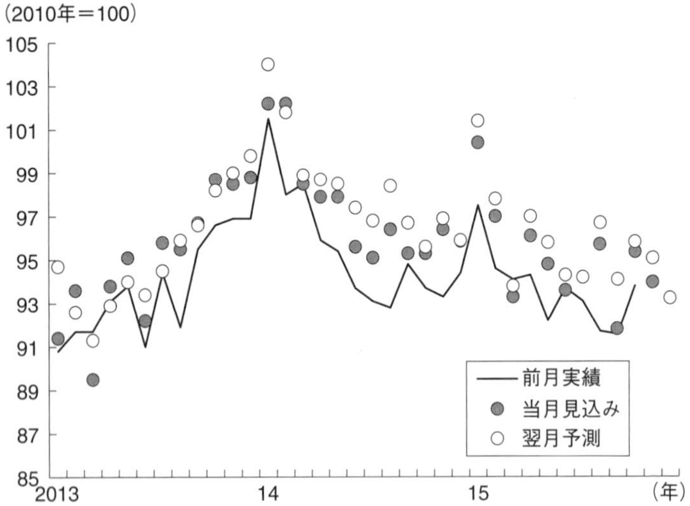

（出所）　経済産業省「鉱工業（生産・出荷・在庫）指数」

を、実績が上回ったのか、それとも下回ったのか、という情報も得られる点です。この結果は、予測指数の実現率というかたちで発表されています。実現率は、当月明らかになった前月実績値を前月時点での予測指数で割って伸び率として算出したもので、プラスであれば前月時点での予想値を上回ったことを、マイナスであれば前月時点での予測値を下回ったことを示します。一方、前月に発表された翌月分の予測指数（たとえば6月に発表された8月分の予測指数）と、当月発表された翌月分の予測指数（7月に発表された8月分の予測指数）とを比較したものを予測修正率といいます（図表2－7）。

この実現率と予測修正率のプラス基調が続くようなら生産活動は加速局面にあり、景気も力強く拡大していると考えられます。逆に、マイナス基調が続くようなら生産活動は減速局面にあり、景気も減速から場合によっては後退（不況入り）していると考え

図表2－7　製造工業の実現率・予測修正率の推移

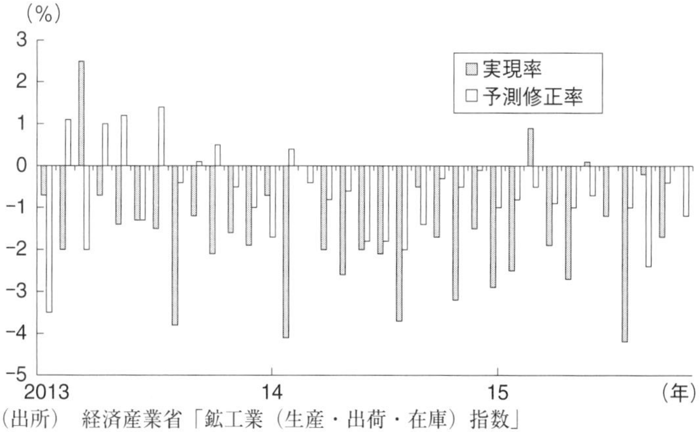

（出所）　経済産業省「鉱工業（生産・出荷・在庫）指数」

られます。
一般に、企業は先行きの需要を読んだうえで生産計画を立てますが、思ったほど出荷しなければ、売れ残った分が在庫として積み上がります。在庫が過剰に増えた分だけ生産量は抑制されるでしょうから、生産実績は数カ月前に予想していたよりも少なくなります。予想よりも実績量が少ないのですから、この場合、実現率はマイナスとなります。このようにマイナスの実現率や予測修正率が続いているときは、企業が以前予想していたよりも需要が下ぶれる状態が続いている時ですから、常に需要が減速している時、すなわち景気が減速している時と考えられます。
逆に、実現率や予測修正率がプラスのときは、企業が以前予想していたよりも生産実績が多い時です。この場合、需要が拡大傾向にあるために予想していたよりも多くの生産が可能になっているわけです。需要が拡大傾向ということは、とりもなおさず景気が拡大傾向にある、というわけです。
このように、日本の鉱工業生産指数は、日本経済の特徴から非常に重要度が高いことに加えて、発表時期は決して早いといえないものの、先行きの予測指数などが同時発表されているという点で、市場をみるうえできわめて重要な経済指標といえるでしょう。

4 日銀短観（日本）

◆ 大企業業況判断DIにマーケットが注目

日銀短観は、日本の経済指標で最もマーケットが注目する経済指標といっていいでしょう。外国の市場関係者の間でも"Tankan"で通用するといわれています。注目度が高いのは、速報性があり、ヘッドラインをみれば景気の流れがわかるなど景気との連動性が高いためです。ヘッドラインは大企業製造業と大企業非製造業の業況判断DIで、それぞれ足元の状況を示す［最近］DIと、3カ月後の見通しを示す［先行き］DIが注目されます。他の指標と同様に市場の事前予想対比で上ぶれたか下ぶれたかでマーケットは動きますが、DIの水準そのもの、前期からDIが上昇したか下落したか、そして前期の先行きDIを上回ったか下回ったかも注目されます（図表2－8）。

その名のとおり、日銀短観は日本の中央銀行である日銀が発表しています。データは四半期で、3、6、9、12月に日銀が企業に対してアンケート調査したデータが、3、6、9月分については翌月第一営業日に、12月分については同月中旬に発表されます。日本全国の大企業から中小企業までを対象に、業況、製品やサービスの需給、在庫、販売価格や仕入価格についてDIで発表されます。すなわち、業況であれば［1．良い、2．さほど良くない、3．悪い］の選択肢のなかから企業に回答させ、［1．良い］との回答割合から［3．悪い］との回答割合を引いたものが

図表2－8　日銀短観大企業業況判断DIの推移

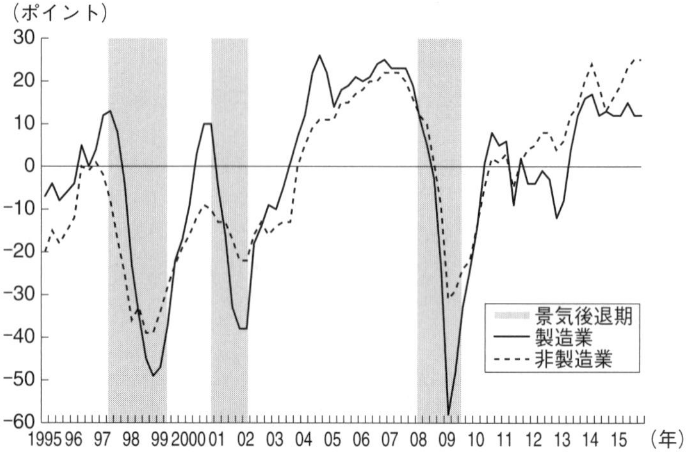

（出所）　日本銀行「全国企業短期経済観測調査」

DIとして発表されます。したがって、[良い] との回答割合と [悪い] との回答割合が同数であれば、DIはゼロとなり、ゼロを上回ってプラス幅が高くなればなるほど業況がよく、景気が強いことを示します。逆に、ゼロを下回ってマイナス幅が大きくなればなるほど業況は悪く、景気が悪化していることを示します。

ヘッドラインである大企業業況判断DIは、製造業、非製造業とも景気の動きと同時性が強く、DIがピークアウト（上昇基調から下落基調へ転じること）すれば景気は減速局面へ転じ、DIがボトムアウト（下落基調から上昇基調へ転じること）すれば景気は拡大局面に転じるとみなしていいでしょう。判断基準の分かれ目は、DIがゼロを上回っているかどうかですが、景気の流れを読むうえでは上昇基調にあるか、下落基調にあるかが重要です。また、景気が悪化から回復基調に転じるときや、景気が力強く加速しているときは、前回調査で発表された先行きDIを上回ることが多いという特徴があります。逆に、前回調査で発表された先行きDIを下回ることが目立つと、景気が回復から悪化基調に転じ始めたり、景気が失速気味になるケースが多くみられます。

業況判断DIをはじめ、その他DIなどは中堅企業や中小企業の分も発表されますが、市場の注目度は高くありません。これら規模の小さい企業のDIは、経済政策の提言などを行うことに使われるデータと割り切ってもいいでしょう。

◆ 想定為替レート

これらDI以外にも注目すべき項目が多いのも日銀短観の特徴です。株式市場では、大企業製造業の想定為替レート[15]も注目します（図表２－９）。これは、当該年度（発表日時点での前年度分と今年度分）とそれぞれの年度の上期と下期の業績計画を立てた際に想定したドル／円相場の水準について調査したもので、回答の平均値が発表されています。企業は、事業計画を立てる際の為替レートについて、先行きを予想した数字を前提とすることはあまりないといわれています。そのかわり、過去の実績、たとえば直近１年間や半年の平均値などを前提とすることが多いとされています。このため、日銀短観における大企業製造業の想定為替レートは、往々にして統計発表時の為替レートとはかけ離れた水準になることがあります。たとえば、2015年７月１日に発表された日銀短観における2015年度の想定為替レートは１ドル＝115.62円ですが、実際のドル／円相場は１ドル＝123円台と８円も円安でし

15 「事業計画の前提となっている想定為替レート」（参考指標）。

図表２－９　ドル／円相場と大企業製造業の想定為替レート

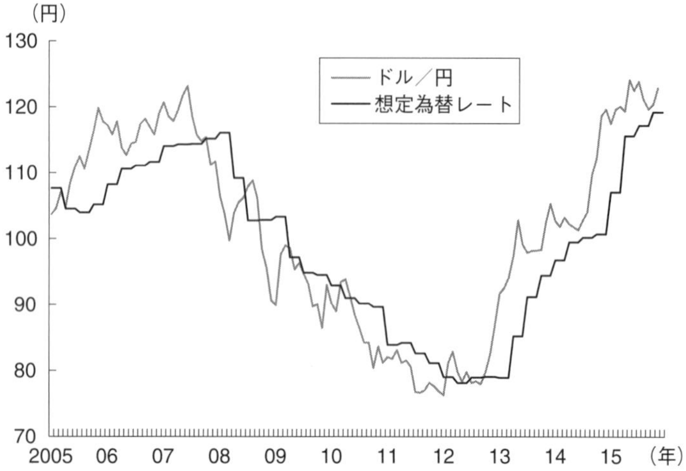

（注）　想定為替レートは各四半期直前における企業の年度内想定レート。
（出所）　日本銀行「全国企業短期経済観測調査」

た。このことが為替市場に及ぼす影響はありませんが、企業業績を読むうえで株式市場には材料となります。

製造業のうち、輸出を行っている企業は、円安になるほど円建てでの輸出金額がふくらみます[16]。つまり、円安になれば売上高が増え、収益も拡大します。ということは、想定為替レートに対して円安に進めば進むほど、企業が期初に発表した業績予想に上方修正圧力がかかることになります。業績が予想よりもよくなれば、株価が上昇する可能性も高いことになります。

16　たとえば、１ドル＝100円の時に１万ドルのモノが海外で売れれば、売上高（円建て）は100×１万ドル＝100万円です。ここで、１ドル＝110円へと円安になれば、１万ドルのモノが海外で売れた場合の売上高（円建て）は110×１万ドル＝110万円に増えます。

もちろん、想定以上の円安が進んだ分だけ上方修正余地があるだけで、ほかに業績悪化要因が働くことによって、業績が下方修正される可能性があることには注意が必要です。また、逆に実際の為替レートが想定為替レートよりも円高に振れている場合は、輸出企業の業績には下方修正リスクがあることを示しています。

株式市場に直接関係する指標としては、ほかに売上高や経常利益、売上高経常利益率、当期純利益も、それぞれ前期の実績と今期の予想が、業種別、規模別に発表されています。

5 ifo景況指数（ドイツ）

◆ ドイツ経済から欧州経済を読む

「ifo景況指数」はイフォ景況指数と読みます。月次で発表されるドイツの企業景況感指数で、ヘッドラインが景況感指数です。ifoはドイツの研究機関（ifo経済研究所）の名前で、同機関が集計、発表しています。指標発表が当該月の下旬（たとえば1月分なら1月下旬）と、きわめて早いのが特徴です。欧州で最大経済規模を誇るドイツの鉱工業生産との連動性が高く、いわばドイツの景気そのものを示す経済指標といっていいでしょう。

米国のISMや日銀短観と同じく、企業へのアンケート調査に基づいた統計です。製造業、建設業、卸売業、小売業の約7,000社に対し、現況について［良い、満足、悪い］（現況指数）、先行き（半年後）について［良くなる、変わらない、悪くなる］（期待指数）、それぞれ三択の質問に対する回答が発表されています。ただし、ISMや日銀短観がDIとして発表されているのに対して、ifo景況指数は2005年を100とした指数で発表されています。そして現況指数と期待指数を一定の割合で合成して算出したのがヘッドラインとなる景況感指数となります（図表2－10）。

欧州経済、とひとくくりにいっても、実際には言語も民族も宗教も異なる多くの国で構成されているので、当然ながら国ごとの経済規模も異なります。統一通貨ユーロを使用し、同じ金融政策のもとにあるユーロ圏でさえ19カ国もあります。金融政策は同じ

図表２－10　ドイツifo景況感指数の推移

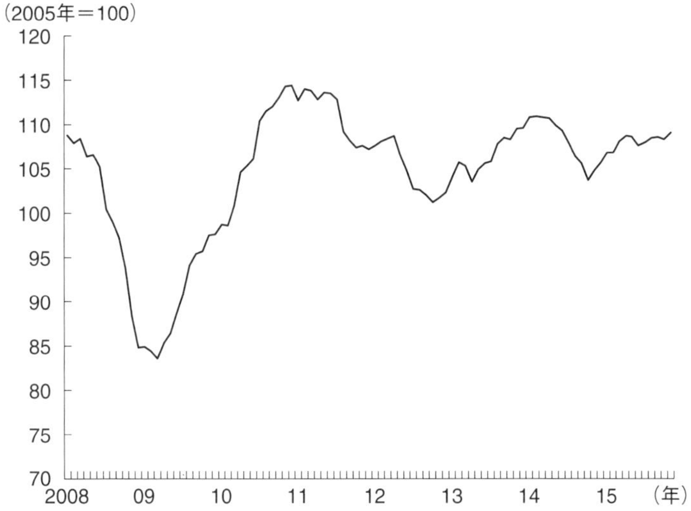

（出所）　ifo経済研究所

でも、財政政策は異なり、経済規模は域内で最も大きいドイツと、最も小さいマルタとでは360倍近くも違います。であるがゆえに、ドイツ経済が欧州経済、あるいはユーロ圏内の景気に及ぼす影響は非常に大きく、市場の関心も影響力の強いドイツの景気に集まりがちです。

そうしたドイツの景気と一致して推移する鉱工業生産に対し、ifo景況指数は若干（１四半期程度）ながら先行して推移する傾向が認められています。このように、ifo景況指数は、①景気に若干ながら先行する、②発表が早い、という市場が重視する経済指標の条件を兼ね備えているのです。また、欧州では実態を示す経済指標（鉱工業生産や小売業売上高など）の多くは発表時期が遅いため、ifo景況指数のように発表時期が早い統計の希少性が増す、という側面もあるかもしれません。

◆ ユーロ圏のその他の経済指標

似たような経済指標にZEW（ゼットイーダブリュ）景気期待指数というものがあります。ZEWとはドイツにある研究機関（欧州経済研究センター）の名前で、ここが集計、発表しています。ただし、ZEW景気期待指数は企業に景況感を尋ねたものではなく、エコノミストや機関投資家などの市場関係者を対象にアンケートしたものです。質問項目は、ドイツ経済に限らずユーロ圏や米国、日本などの景気の現状と先行き、物価や株価動向など、多岐にわたっています。しかし、ifo景況指数よりも1週間程度早く発表されることから、ドイツの景気見通しDIがヘッドラインとして注目されます。

ifo景況指数と異なる点としてもう一つあげられるのは、ZEW景気期待指数はDIとして発表されていて（［良い（良くなると思う）］との回答割合から［悪い（悪くなると思う）］との回答割合を引いたもの）、ゼロが分岐点となる点です。ifoに比べて調査対象が少ない（約350人）ことや、自社の業況から回答するのではなく、調査対象であるエコノミストなどが自身の景況感で回答しているという点も異なります。このため、ifo景況指数に比べるとやや信頼性に欠けるとされていますが、結果をみる限りは景況感を大きく見誤るほどの差はないように見受けられます（図表2－11）。市場関係者に対するアンケートによるため、市場の動向などに振り回されやすく、時として行き過ぎた変化を示す場合がありますが、この点を勘案してウオッチすればいいでしょう。

図表2－11　ドイツifo景況指数とZEW景気期待指数の推移

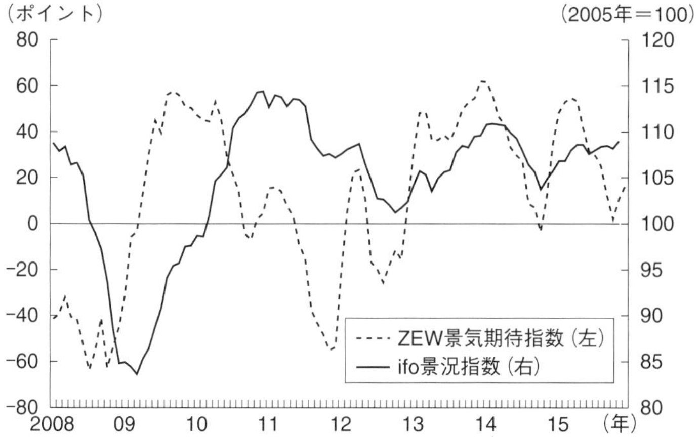

（出所）　ifo経済研究所、欧州経済研究センター

このほか、ユーロ圏全体の景況指数としてPMI製造業景況指数というのがあります。こちらは米国のISM製造業景況指数と同様にDIで作成されています。マークイット社という民間企業が集計、発表しているもので、同様の調査を日本を含めた主要国で行っているのが特徴です。

いずれの景況指数も、景気との一致性が高い製造業のものが注目されています。過去の生産活動との連動性も高く、発表時期も早いことから、景気の動きをいち早く把握するには有用といえるでしょう。

6 財新製造業PMI（中国）

◆ 生産活動との高い連動性と速報性

英国の調査会社マークイット社が調査しているPMIの中国版です。中小企業を中心とした400社強の製造業を対象に、景況感などをアンケート調査したものです。財新とあるのは、中国の独立系メディアである財新伝媒社からとったもので、中国PMIのスポンサーとなって公表する権利を得たことによるものです。2015年7月までは、当時スポンサーだった金融機関のHSBCの名を冠していました（HSBC中国製造業PMI指数）。発表が、翌月第一営業日ときわめて早いのが特徴です。他国の景況指数と同様に景気と一致して動くため、注目される生産活動との連動性が高いうえ、発表時期が早いため“いち早く景気の動きを把握する指標”として注目されています。

ヘッドラインは景況指数（DIで、50を超えていれば景況感が改善している企業のほうが、悪化している企業よりも多いことを示す）で、①市場予想を上回ったか、下回ったか、②前月対比改善したか、悪化したか、③判断基準の分かれ目となる50を上回っているか、下回っているか、がチェックポイントです（図表2－12）。

◆ 世界が注目する中国経済

同時に、この指標は中国の一経済指標という位置づけ以上の関心をもたれています。中国の経済規模は、日本やドイツを抜いて

図表2－12　中国の財新製造業PMIの推移

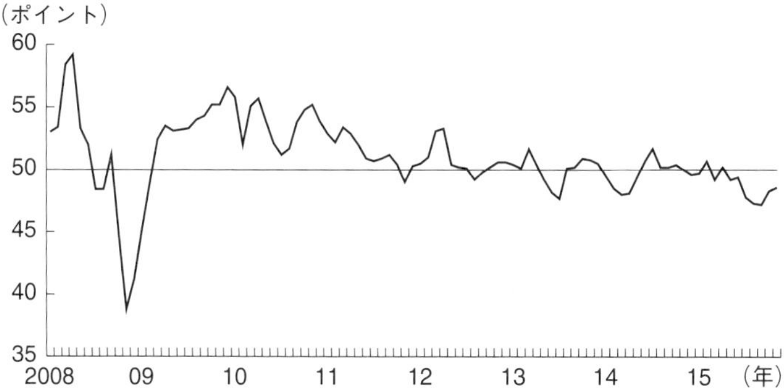

(出所)　財新、Markit

米国に次ぐ第二位となっています[17](図表2－13)。一人当りGDPの水準はまだ先進国には遠く及ばないものの[18]、人口の多さもあって世界経済に及ぼす影響も非常に大きくなっています。それだけに、中国経済の動向は市場にも影響を及ぼします。また、中国は世界の工場としての地位も高めつつあり、世界最大の輸出国であり、輸入金額でも世界第二位となっています[19]。こうしたことから、中国の生産活動は世界の景気とも密接につながっていると考えられます。つまり、世界経済が回復基調を強める局面では、世界の工場でもある中国の生産活動は拡大します。逆に、世界経

17　2014年の名目GDP規模は、1位米国(17.4兆ドル)、2位中国(10.4兆ドル)、3位日本(4.6兆ドル)、4位ドイツ(3.9兆ドル)となっています。

18　2014年の一人当り名目GDP規模は、米国が5万4,597ドル、ドイツが4万7,590ドル、日本が3万6,332ドル、中国が7,589ドルとなっています。

19　2013年の輸出金額は、1位中国(2.2兆ドル)、2位米国(1.6兆ドル)、3位ドイツ(1.5兆ドル)、4位日本(0.7兆ドル)。一方輸入金額は、1位米国(2.3兆ドル)、2位中国(1.9兆ドル)、3位ドイツ(1.2兆ドル)、4位日本(0.8兆ドル)となっています。

図表2－13　世界の経済規模ランキング

順位	国名	名目GDP	占率	一人当り GDP順位
1	米国	17,419	22.5	10
2	中国	10,380	13.4	80
3	日本	4,616	6.0	27
4	ドイツ	3,860	5.0	18
5	英国	2,945	3.8	19
6	フランス	2,847	3.7	20
7	ブラジル	2,353	3.0	61
8	イタリア	2,148	2.8	28
9	インド	2,050	2.7	145
10	ロシア	1,857	2.4	58

（注）　名目GDPは十億米ドル、占率は％。2014年。
（出所）　IMF

済が減速すれば、中国の生産活動にも鈍化圧力が働きます。要するに、世界経済と中国の生産活動は密接にリンクしているのです。その中国の生産活動の動きとほぼ同じ動きを示す統計が財新製造業PMIなので、同統計は中国経済の動向を測る指標としてだけでなく、世界の景気をみる指標ともいえるのです。さらに、こうした世界景気と一致する生産関連指標としては、世界で最も早く発表される指標である点も、市場の注目度を高めていると考えられます。

◆ 中国の経済統計の留意点

中国にはもう一つのPMI指数があります。中国国家統計局と中国物流購買連合会が共同で調査、作成しているものです。政府が発表していることから、公的製造業PMI、あるいは単にPMIと呼ばれています。財新製造業PMIとの違いは、調査対象が異なる点です。財新製造業PMIは400社強の中小企業を中心とした調査なのに対し、公的製造業PMIは大企業を中心とした約800社を調査対象としています（図表2－14)。

一見すると、公的製造業PMIのほうが調査対象企業数は多いですし、大企業が多く調査されているということで、注目すべきは公的製造業PMIと思われるかもしれません。しかし、市場の注目度は財新製造業PMIのほうが高いのが現実です。それは、公的製造業PMIは政府の意向でゆがめられているのではないかとの疑念が市場にあるからです。

中国の経済統計に対する市場の信頼度は、必ずしも高いとはいえません。象徴的な事例として、GDP成長率があげられます。

図表2－14　中国製造業PMIの推移

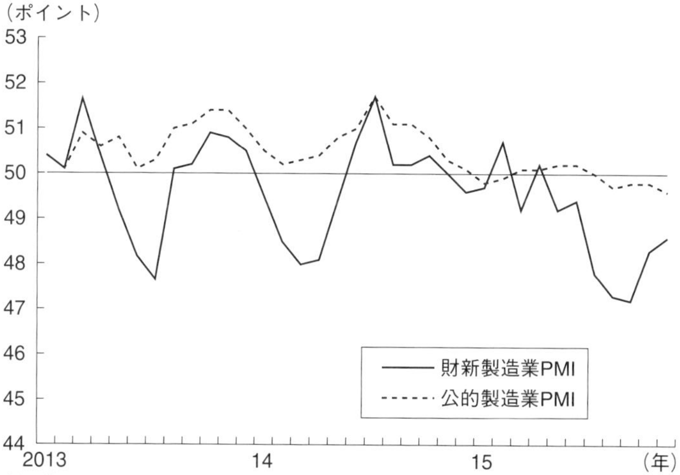

(出所)　財新、Markit、中国国家統計局

中国では、省別のGDP成長率が発表されていますが、すべての省のGDP成長率が中国全土の成長率よりも高いという、計算上はありえない統計が発表されていました。公的製造業PMIに関しては、財新製造業PMIに比べて変動が小さく、判断基準の分かれ目となる50を下回ることがほとんどないことから、景気の実感との乖離も大きいといわれています。

逆に、信頼度が高いといわれている中国の経済統計は、財新製造業PMIのほか電力消費量、鉄道貨物輸送量などがあげられています。財新製造業PMIは民間調査である点、電力消費量や鉄道貨物輸送量はサンプル調査ではないため恣意性が入り込む余地が少ない、と考えられているからです。これらの統計からは、中国経済がGDP成長率や鉱工業生産指数から得られる数字よりも低い成長にとどまっている可能性が示唆されており、中国経済に対する市場の懸念を高める要因となっています。

したがって、中国経済をみるうえではGDPや鉱工業生産だけではなく、市場の信頼度が比較的高い財新製造業PMIなどとあわせてみることが重要となります。

第3章

知っていれば一目置かれる？
マイナーでも重要度は高い指標

マーケット参加者の一部は注目していても、市場全体がそれほど注目していない経済指標もあります。しかし、そんななかにこそ重要な経済指標が隠れているものです。特に、新聞などでも大きく取り上げられないような、ヘッドラインではない経済指標のなかに、実は経済の先行きを読むことができ、市場の先行きを占うのに適した指標があります。第３章では、マイナーながらも重要と思われる経済指標を取り上げます。

1 ISM製造業新規受注判断DI（米国）

◆ 米国経済の先行指標として有用

米国のISM製造業新規受注判断DIは、「第２章　プロも翻弄　市場が注目する経済指標」で取り上げた、ISM製造業景況指数の構成項目の一つです。一項目にすぎない新規受注判断DIがなぜ重要なのかというと、生産活動に先行する傾向が強いからです。つまり、先行きの生産活動の動きを示唆してくれる指標、ということです。同時に、生産活動の動きは景気の動きに一致しますので、新規受注判断DIは米国経済の先行きを示す指標、ということになります。先行期間は約半年ですので、半年先までの米国経済の動きが読める指標、といえます。グラフをみればわかるとおり、半年先行させたISM製造業新規受注判断DI（３カ月移動平均[20]）の動きと鉱工業生産指数（前年比）との連動性は非常に高くなっています（図表３－１）。これは、他の指標と比べても突出

20　移動平均とはある一定期間のデータの平均値を時系列に示したものです。たとえば、１月（90）、２月（98）、３月（100）、４月（96）というデータがあった場合、３月分の３カ月移動平均値は３月までの直近３カ月分のデータ（90、98、100）の平均値である96となり、４月分の３カ月移動平均値は４月までの直近３カ月分のデータ（98、100、96）の平均値である98となります。経済活動は月ごとにさまざまな要因で上がったり下がったりします。そうした“デコボコ”のデータをみても、はたして増加基調にあるのか減少基調にあるのか、よくわからない場合があります。そのようなみえにくさを除去して、トレンドを見極めるために用いられるのが移動平均で、経済指標では３カ月移動平均や６カ月移動平均、12カ月移動平均などがよく使われます。

していると思っていいでしょう。

なぜ、新規受注判断DIは生産活動に先行するのか。それは、モノをつくる前にまず受注をするからです。受注があってはじめて生産が行われるために、受注は生産活動に先行するのです。その先行期間が6カ月程度ということは、平均すれば受注から生産まで半年程度かかるということを示唆します。

◆ 留 意 点

ただし、留意すべき点もあります。ISM製造業新規受注判断DIは、製造業の購買担当者に「新規受注は増えているか、変わらないか、減っているか」を尋ねたものです。50を上回っていれば［増えた］との回答割合が、［減った］との回答割合よりも高いことを示しています。つまり、新規受注判断DIの増減は、あくま

図表3－1　米国製造業生産とISM製造業新規受注判断DI

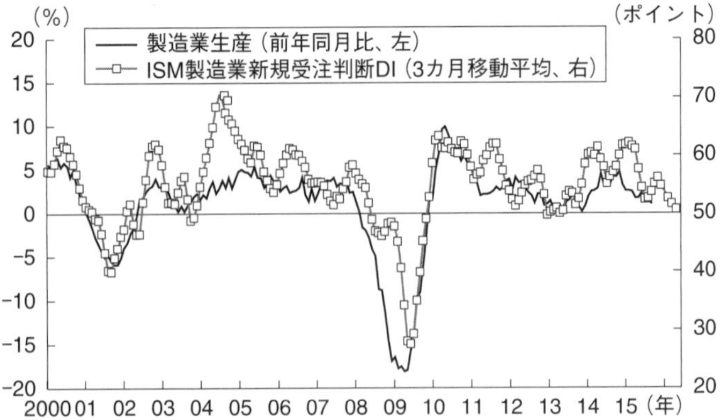

（注）ISM製造業新規受注判断DIは6カ月先行。
（出所）FRB、ISM

でも受注が増えた企業数と減った企業数で決まるもので、受注額が増えたか減ったかまではわかりません。

たとえば、A、B、C、D、Eという五つの製造会社があるとします。ある年の1月の新規受注額は、A社は90万円、B社は130万円、C社は2,000万円、D社は100万円、E社は200万円とします。翌2月の新規受注額は、A社は100万円（10万円の増加）、B社は150万円（20万円の増加）、C社は2,000万円（変わらず）、D社は80万円（20万円の減少）、E社は200万円（変わらず）とします。さらに、翌3月の新規受注額は、A社は120万円（20万円の増加）、B社は200万円（50万円の増加）、C社は1,000万円（1,000万円の減少）、D社は100万円（20万円の増加）、E社は200万円（変わらず）とします。この場合、2月の新規受注判断DIは［全5社中、受注が増加した企業（2社）の割合（40%）＋受注が変わらなかった企業（2社）の割合÷2（40%÷2＝20%）］で60となります。同じように、3月の新規受注判断DIは［全5社中、受注が増加した企業（3社）の割合（60%）＋受注が変わらなかった企業（1社）の割合÷2（20%÷2＝10%）］で70となります。70ということは判断基準の分かれ目となる50を上回っていますから、かなり強い結果で、しかも2月のDI（60）から10ポイント上昇しています。一方、5社すべての新規受注額に注目すると、1月は2,520万円（90＋130＋2,000＋100＋200）、2月は2,530万円（100＋150＋2,000＋80＋200）と、1月から2月にかけて受注額は10万円増加しました。しかし、3月は1,620万円（120＋200＋1,000＋100＋200）と2月から910万円も減少しています。

企業数でみれば、受注額が増えた企業が5社中3社と過半数を占めているものの、受注額が減少した1社（上記の例ではC社）

の減少額が非常に大きかったために、このような結果になってしまいました。ここで、受注したものがすべて生産に回り受注額と生産額が等しく、かつ生産額と生産量とが比例する場合、３月の受注に対する生産額は、受注額が減少した分だけ減ると同時に生産量も減少します。つまり、２月～３月にかけて、新規受注判断DIは60から70へと上昇する一方で、鉱工業生産は36％も減少してしまうのです。

このように、DIは企業数に基づいて算出されているのに対して、生産指数は生産量に基づいて算出されているため、このような“矛盾”が生じることがあります。では、どちらを信用したらよいのかといえば、それは実態統計である鉱工業生産指数です。しかし、先の例にあげたような極端な例は、しばしば起こることではありません。長い目でみれば、受注が増加した企業が増えていれば受注額自体も増え、受注が減少した企業が増えていれば受注額も減少する傾向にあります。したがって、新規受注判断DIが鉱工業生産、ひいては景気に先行するという性質は変わりません。

このように、米国経済の半年先までの動きを示唆する指標としてISM製造業新規受注判断DIは大変有用です。同時に、米国経済が世界経済の牽引車であるという点を勘案すれば、世界経済の先行きを占う指標である、ということもいえるでしょう。実際、ISM製造業新規受注判断DIを日本の輸出や鉱工業生産の先行指標としてみている市場関係者もいます。

さらに、同じく景気に半年先行して動く傾向があるといわれている株価とは、ピークやボトムをつけるタイミングがほぼ一致しています。実際には、ISM製造業景況指数の発表は翌月第一営業日になりますから、株価を占う指標としては使えませんが、ISM製造業新規受注判断DIの趨勢を読むことで、株価の上昇基調がしばらく続くのかどうかを予想することは可能です。ISM製造業新規受注判断DIはヘッドラインではない指標ですが、景気の先行きを探るうえで、そして市場動向を見極めるうえで、ぜひ注目していただきたい指標です。

2 消費者信頼感（米国）

◆ 財布の紐の緩み具合がわかる

消費者信頼感は、米国消費者の景況感を示す、アンケート調査に基づく経済指標です。消費者の景況感は、改善すれば消費意欲が高まり、悪化すれば消費意欲が衰える傾向があることから、"財布の紐の緩み具合"を示す経済統計といえます。米国経済の牽引車は個人消費ですから、非常に重要な統計といえます。

消費者信頼感は、コンファレンスボード（The Conference Board：全米産業審議会、略称CB）という民間非営利調査機関（シンクタンク）が調査、発表しています。毎月下旬に当該月の結果が発表されるので、速報性も高い指標です。ヘッドラインは消費者信頼感指数で、市場は前月から改善したかどうかに注目します。改善傾向にあれば、米国の個人消費は好調さを維持、ないしは加速傾向にあると判断され、景気に強気な見方を後押しします（図表３－２）。

調査は、全米の5,000世帯を対象にしており、結果は1985年のデータを100として指数化されたかたちで発表されています。質問項目は多岐にわたっていて、主要項目は、現状の景気、雇用、そして半年後の景気見通し、雇用見通し、収入見通しです。それぞれ［1．良い（良くなる、十分）、2．普通（変わらない、十分ではない）、3．悪い（悪くなる、探すのが困難）］などの選択肢から回答させます（結果は回答割合として公表）。このうち、現状に

図表３－２　米国の消費者信頼感指数の推移

（出所） The Conference Board「Consumer Confidence Survey」

対する判断である２項目（景気、雇用）から現状指数が、半年後の判断である３項目（景気見通し、雇用見通し、収入見通し）から期待指数がそれぞれ算出、公表され、ヘッドラインに準ずる指標として市場が注目しています。また、ヘッドラインとなる信頼感指数は、現状指数と期待指数の平均値に基づいて算出されています（それぞれ季節調整処理されている）。

また、このほかにも向こう半年以内の購入計画として、自動車（新車、中古車に分類）、住宅（新築、中古などに分類）、主要家電（テレビ、冷蔵庫、電子レンジ、エアコンなど）、旅行（国内・海外、自動車・飛行機など）も調査されており、それぞれ［ある］との回答割合が公表されています。

◆ 現状指数と期待指数にも留意

前述したように、消費者信頼感指数（ヘッドライン）は消費者の景況感を示すので、財布の紐の緩み具合を示唆する統計といえます。改善傾向をたどっていれば財布の紐が緩みつつある（消費意欲が増している）、悪化傾向をたどっていれば財布の紐が締まりつつある（消費意欲が衰えている）と考えられます。実際、米国の個人消費統計との連動性が高いことも確認されています。米国には主要消費関連統計として小売売上高（翌月中旬）、個人消費（翌月下旬）が発表されますが、消費者信頼感は当月下旬発表と、これら消費統計よりも早く発表されるので、その後に発表される小売売上高など実態統計の予測にも役立ちます。

ただし、消費の動きを細かくみる場合は、ヘッドラインとなる消費者信頼感指数だけではなく、準ヘッドラインである現状指数と期待指数の動きをそれぞれみたほうがいいでしょう。現状指数と期待指数は、常に連動しているわけではありません。また、現状指数は、景気の動きにほぼ連動して上下しますが、期待指数は現状指数ほどには変動しません（図表３－３）。景気がよくなるにつれ消費者を取り巻く環境は改善していくのに対し、将来に対する期待はある程度のところで改善に歯止めがかかります。先行きに対する期待値には、一定の上限があると考えればいいでしょう。ですから、期待指数が伸び悩むようになっても、決して消費が頭打ちになる、ということを示しているわけではありません。したがって、消費の動きや勢いをみるには現状指数と期待指数の平均値として算出されているヘッドラインよりも、現状指数をみたほうが参考になる場合があります。

図表3－3　米国の消費者信頼感指数の推移

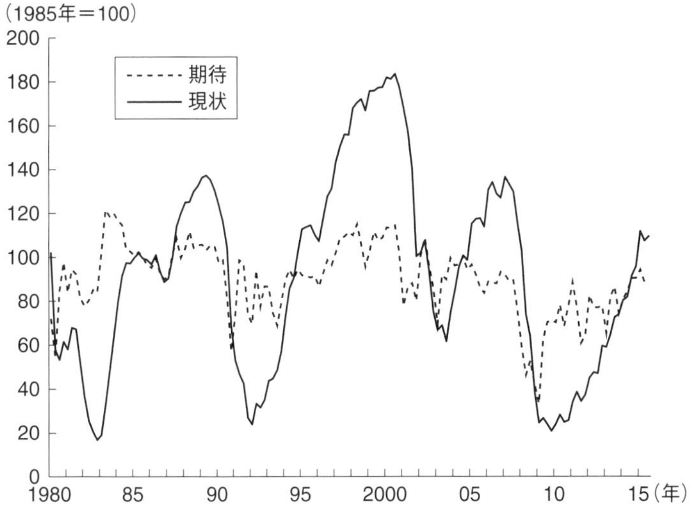

(出所)　The Conference Board「Consumer Confidence Survey」

一方、相対的に変化が小さい期待指数ですが、こちらは早めにトレンドが変わるという性質があります。つまり、現状指数よりも早いタイミングで回復、あるいは悪化に転じる傾向があるということです。したがって、そろそろ消費が減速するのではないか、あるいは逆に回復に転じるのではないか、というときは期待指数の動きに注意を払う必要があります。

期待指数が先行性をもつことは、消費の動きを考えればわかります。消費を左右する最も重要な要素は所得です。所得が増えれば消費も増え、所得が減れば消費も減ります。しかし、それだけでは消費は動きません。

たとえば、景気が悪化している局面を考えてみましょう。景気が悪化すると企業業績も悪化します。企業はコストを減らすために、人件費を削り、場合によっては従業員に会社を辞めてもらいます。雇用・所得環境が悪化しているわけですから、当然消費も落ち込みます。

消費が落ち込めば、企業の売上げはさらに減少するので、収益は悪化し、企業は生き残るためにさらにコストをカットします。労働者からみればさらに収入が減るので、一段と消費は落ち込み、これが企業の売上げの悪化につながって……。いつまでも消費は増えません。

実際には、景気が悪化していく過程でいくつかの環境変化が訪れます。たとえば、政府は景気をよくするためにさまざまな景気対策を講じるでしょう。公共投資の拡大、減税などです。中央銀行は金融緩和として金利を下げるでしょう。こうした政策対応は、まず市場環境の変化として現れます。「政府が大規模景気対策を発表」「FRBが大幅利下げ」などの好材料が出ると、株価が上昇に転じ始めます。景気が回復に転じるのではないか、という期待が高まるからです。

人々の気持ち（マインド）も同じように景気対策などのニュースで「対策が功を奏して景気がよくなるかもしれない」と考えることもあるでしょう。そして、実際に株価が上昇に転じれば、これも人々の先行きの景気回復期待を高める要因になるでしょう。こうした変化が、消費者信頼感の期待指数の上昇となって現れます。足元の景気はまだよくなっていないものの、もうそろそろよくなるのではないか、という期待を高めるのです。そうすると、多少なりとも財布の紐が緩み始めます。所得は改善していなくても、財布の紐が緩めば支出は拡大します。

人々の支出が拡大すれば、企業の売上げが改善します。収益性が安定してくれば、人件費の削減にも歯止めがかかります。収入環境の安定は、人々の先行き景況感をさらに改善させると同時に、現状の景気に対する判断の悪化にも歯止めをかけるでしょう。ここまでくれば、後は徐々に歯車がかみ合い、その動きが加速する（景気が加速する）のを待つだけです。

米国の場合、消費者が保有する資産に占める株式関連資産（株式や投資信託）の割合が高いことから、株価が上昇することにより、消費者の景況感を押し上げる効果は、日本などに比べると大きいと考えられます[21]。景気対策などによって株価が上昇すると、消費者の期待感が高まることで消費が回復し始めます。消費の回復は企業の業績を改善させ、やがて雇用の拡大へとつながって所得増加を背景にした本格的な消費拡大、景気回復局面へと移行するのが米国経済の回復パターンです。まさに、米国は消費主導型の自律的な景気回復を実現する“唯一の国”といってもいいでしょう。

消費者信頼感指数にはもう一つ、過去からのパターンとして一つの特徴があります。それは、ヘッドラインである消費者信頼感指数が80ポイントを上回ると、米国の個人消費の加速傾向が顕著になる、というものです。ただし、これはあくまでも過去からの経験則に基づくものです。指数は、1985年の水準を100としたものですから、その水準自体に深い意味はありません。ただ、この

21　株価の上昇は、直接的には保有資産価値が高まることによって消費の拡大につながる“資産効果”があります。株価が上昇するという報道などによって、株を保有していない人の景況感にも改善を促す効果は副次的なものと考えられます。

パターンは直近の2014年にも確認されています。今後、一つの目安として意識するのもよいかもしれません。

◆ ミシガン大学消費者センチメント指数

米国には、同じように消費者の景況感を示す統計があります。ミシガン大学が調査、公表しているミシガン大学消費者センチメント指数です。基本的にはコンファレンスボードが発表している消費者信頼感指数と同じようなものと考えて問題ありません。両者の違いとしては、①ミシガン大学消費者センチメント指数のほうが発表時期は早い（当月中旬に速報が発表され、月末に確報値が発表される）、②ミシガン大学消費者センチメント指数は500世帯への調査（速報段階では300世帯）と、コンファレンスボード調査の消費者信頼感指数に比べて非常に少ない、という点があげられます。つまり、ミシガン大のほうは、調査対象が少ない分だけ発表が早い、ということです。したがって、毎月の動きを比べると、両者の動きは必ずしも一致していません（ミシガン大では前月対比改善となっても、コンファレンスボードでは悪化、となることがある）。しかし、数年タームでみた趨勢については両者の動きはほぼ一致しています（図表3－4）。

このように、米国の消費者信頼感は、①世界経済の牽引車である米国の経済指標であり、②米国経済の牽引車である消費を左右する経済指標であり、③消費関連統計のなかで最も早く発表される統計である、という点で有用です。さらに、ヘッドラインである消費者信頼感指数が前月に比べて改善したかどうかという市場が注目する点だけでなく、現状指数や期待指数の動き、そしてヘッドラインの水準自体にも注目することで、より深掘りした見

図表3－4　米国の消費者信頼感指数とミシガン大消費者センチメントの推移

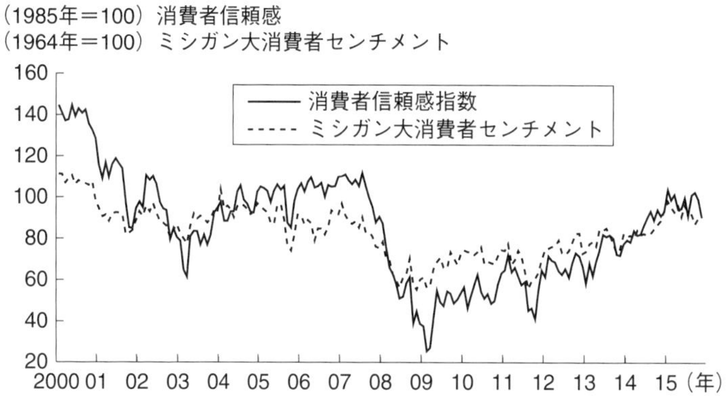

(出所)　The Conference Board「Consumer Confidence Survey」, University of Michigan Surveys of Consumers「University of Michigan Consumer Sentiment Index」

方ができる点にも注目するべきでしょう。

3 景気ウォッチャー調査（日本）

◆ 景気動向に敏感な職種に対するアンケート

景気ウォッチャー調査は、日本のアンケート調査による経済指標で、景気の転換などを早く示唆する傾向があるとして、日本の株式市場などで注目されています（図表３－５）。結果はDI（判断基準の分かれ目が50。50を上回っていれば良くなっている、下回っていれば悪くなっている）として発表されていて、ヘッドラインは

図表３－５　日本の景気ウォッチャー調査現状・先行き判断DIの推移

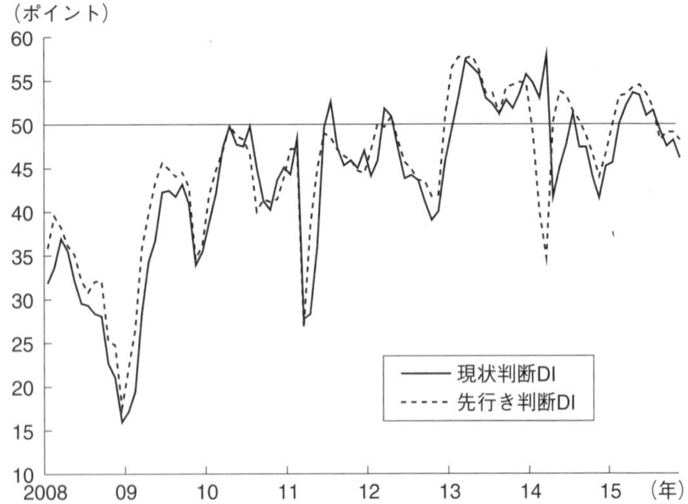

（出所）内閣府「景気ウォッチャー調査」

景気の現状判断DIと先行き判断DIです（それぞれ季節調整値）。

現状判断DIは［3カ月前と比較していまの景気をどう考えるか］、先行き判断DIは［2～3カ月後の景気をどう考えるか］と質問されています。市場は、DIが前月と比べて改善したかどうか、そして判断基準の分かれ目となる50を上回っているか下回っているかに注目します。統計の集計、発表は内閣府が行っており、発表日は翌月上旬と、日本の経済統計としてはかなり早いのが特徴です。

米国のISM製造業景況指数や消費者信頼感、あるいは日本の日銀短観などと同様に、景況感についてアンケート調査したものですが、他の指標とは異なる特徴をもった一風変わった指標です。それは、アンケートの対象が「地域の景気に関連の深い動きを観察できる立場にある人々」（内閣府）という点です。

この調査の歴史は比較的浅く、誕生したのは2000年です。当時の経済企画庁（現内閣府）長官だった堺屋太一氏の肝いりもあって、人々の景況感により近い統計を作成したいということで誕生しました。そのことから、別名「街角景気」とも呼ばれています。アンケート対象者のことを「景気ウォッチャー」と呼び、全国47都道府県別に「家計動向」「企業動向」「雇用」の三つの分野に“敏感に反映する現象を観察できる業種の適当な職種の中から選定した2,050人”（内閣府）が景気ウォッチャーに任命されて、毎月アンケートに回答しています。

では、どのような人が景気ウォッチャーに任命されているのかというと、「家計動向」に関してはさらに小売関連、飲食関連、サービス関連、住宅関連に分かれており、たとえば小売関連には［商店街代表者、一般小売店経営者・店員、コンビニエリア担当・店長、家電量販店経営者・店員］などの職種の人たちが選ばれています。小売関連以外では、［スナック経営者（飲食）、タクシー運転手、パチンコ店従業員、美容室従業員（いずれもサービス）］などの職種の人たちが選ばれています。

企業の購買担当責任者へのアンケート調査であるISMやPMIなどと比べると、ずいぶんと市井の人たちが入っているという印象を受けると思います。まさにそこがねらいで、これまでの企業への景況調査が景気を上からみたようなものであったのに対し、景気ウォッチャー調査は下からみていくようなイメージです。似たようなものに消費者への景況感調査がありますが、これは消費者個人の主観的な判断によるもので、世間一般がどのように動いているかを意識したものではありません。これに対し、景気ウォッチャー調査は、景気ウォッチャーの仕事を通じて感じる客観的な景気に対する判断です。景気ウォッチャーとして選ばれた人の職種は、景気動向に敏感に反応するといわれる分野でもあり、景気に変調が出る場合に即座にその兆候をつかむことが期待されています。

このような特徴から、景気ウォッチャー調査は、景気の先行きを読んで動く株式市場では、比較的早くから注目されてきました。ヘッドライン（現状判断DI）の変化から株式の売買タイミングを計るような運用方法なども指摘されるなど、個人投資家の間にもよく認識されている統計です。

◆ 地域別の景況感、数値以外の有用な情報

さて、調査の結果は前述したようにDIというかたちで発表されています。質問項目に対して［1．良くなっている、2．やや

良くなっている、3．変わらない、4．やや悪くなっている、5．悪くなっている］という5項目のなかから回答させます。DIは、上記質問項目の回答比率をパーセントで算出し、そのうえで1の回答比率を1倍、2は0.75倍、3は0.5倍、4は0.25倍、5は0として足し合わせた数字です[22]。

DIは現状、先行きそれぞれ家計動向関連、企業動向関連、雇用関連と、項目ごとにも発表されています。また、さらに細かく家計動向関連は小売関連、飲食関連、サービス関連、住宅関連の4項目、企業動向関連は製造業と非製造業の2項目のDIもそれぞれ発表されています。

また、地域別のDIも発表されています。全国を10ブロック（北海道、東北、関東、東海、北陸、近畿、中国、四国、九州、沖縄）に分類し発表されていますが、関東はさらに北関東と南関東とに分けたDIも発表されています。日本経済の地域間格差が指摘されて久しく、またその格差は広がる傾向にあるといわれています。それらは所得間格差や年齢間格差（地方ほど高齢者比率が高い）、雇用格差などとして現れています。しかし、地域別のDIの動きからみると、各地域の景気の動きはほぼ一致しており、景況感の動きには地域間格差はほとんどないことがわかります（図表3－6）。

景気ウォッチャー調査のもう一つの特徴は、単に景気が良くなったか、悪くなったのかを判断して回答するだけでなく、景気判

22　たとえば、良くなっているという回答比率が2.0％、やや良くなっているが30.0％、変わらないが50％、やや悪くなっているが13％、悪くなっているが5％だとすると［DI＝（2×1）＋（30×0.75）＋（50×0.5）＋（13×0.25）＋（5×0）＝52.75］となります。DIは小数点第一位まで発表されているので、52.8として発表されます。

図表３－６　景気の現状判断DI

	全国	北海道	東北	関東			東海
					北関東	南関東	
2014年８月	47.4	48.2	45.9	47.5	47.8	47.3	49.2
2014年９月	47.4	46.3	46.9	47.3	46.1	48.0	48.0
2014年10月	44.0	43.6	41.7	41.9	41.1	42.3	44.5
2014年11月	41.5	36.0	39.5	38.9	38.1	39.3	41.2
2014年12月	45.2	40.0	42.4	43.7	40.7	45.5	47.3
2015年１月	45.6	45.3	43.6	44.3	41.7	45.8	47.8
2015年２月	50.1	49.3	47.0	48.9	46.9	50.2	50.6
2015年３月	52.2	52.7	49.6	50.5	48.4	51.8	51.0
2015年４月	53.6	56.0	51.7	52.1	50.3	53.2	52.5
2015年５月	53.3	53.1	51.4	52.8	50.4	54.2	53.2
2015年６月	51.0	53.0	50.0	51.1	48.4	52.6	50.3
2015年７月	51.6	54.3	51.0	50.3	49.9	50.5	51.6
2015年８月	49.3	51.6	47.1	48.2	46.6	49.1	49.2
2015年９月	47.5	48.5	46.8	45.2	44.6	45.5	45.8
2015年10月	48.2	45.4	46.1	47.7	46.7	48.4	48.3
2015年11月	46.1	44.6	43.9	45.1	44.5	45.5	47.7

	北陸	近畿	中国	四国	九州	沖縄
2014年８月	46.5	49.3	45.7	45.7	45.9	47.6
2014年９月	44.6	49.4	45.4	47.1	48.7	49.4
2014年10月	45.8	47.0	42.3	43.3	46.4	51.2
2014年11月	41.8	45.4	42.9	44.7	45.1	46.4
2014年12月	46.4	47.6	44.7	45.3	48.5	51.3
2015年１月	46.7	47.8	43.9	47.8	44.4	51.8
2015年２月	51.3	53.3	48.6	52.2	50.5	56.1
2015年３月	55.1	54.6	51.7	52.2	54.8	56.9
2015年４月	59.9	54.9	52.0	53.6	55.4	52.4
2015年５月	59.0	53.1	52.8	53.7	53.2	56.9
2015年６月	52.0	53.3	49.5	50.0	49.9	51.8
2015年７月	52.3	52.4	51.5	53.1	51.8	54.6
2015年８月	53.0	51.4	48.8	48.6	48.6	53.8
2015年９月	50.8	50.5	47.0	48.0	48.7	55.8
2015年10月	46.4	49.9	48.8	47.5	50.0	57.9
2015年11月	47.9	46.8	49.3	44.5	45.6	50.0

（出所）　内閣府「景気ウォッチャー調査」

断を行った理由も問われており、その結果が公表されているということです。すなわち、問いに対する回答を番号で選ぶだけでなく、記述式の回答欄もあり、これも参考資料として発表されているのです。

たとえば「物流量が増えてこない。同業者も同様の状況のようであり、暇だとの声をよく聞く（輸送業）」（内閣府「景気ウォッチャー調査　2015年7月調査」より）といった感じです。この景気ウォッチャーは輸送業ということで、企業動向関連の調査対象に入っています。ここでは景気の現状に対する判断で、この回答者は景気判断を［変わらない］と回答していることも、あわせて公表されています。

各回答者のすべての回答が公表されているわけではありませんが、項目ごと、地域ごと、そして判断ごとの代表的な回答が掲載されています。これらは市場関係者が注目している材料とはいえませんが、経済指標という“数字”だけからは読み取れない景気の変化の兆候をつかむための有用な情報が入っているかもしれません。同じ業種であるにもかかわらず、異なった景気判断、意見があることも多々あります。これらの判断理由を毎月読んでいくことで、景気の細かな流れを把握することができるかもしれません。また、自分が住んでいる、あるいは勤務している地域の景況感を知るにはよい材料となるでしょう。

4　輸出数量指数（貿易統計）（日本）

日本の輸出数量指数は、財務省が発表する貿易統計のなかの一項目です（図表３－７）。貿易統計の発表時期は、翌月の中旬～下旬、おおむね20日前後となります。

市場が注目する貿易統計のヘッドラインは、①貿易収支（輸出金額から輸入金額を引いたもの）、②輸出（前月比、あるいは前年同月比の伸び率）、③輸入（輸出と同じ）となります。それぞれ、前月からの変化が注目されています[23]。

これに対し、輸出数量指数は必ずしも市場の注目度が高いとはいえません。輸出数量指数の変化で、市場が動くこともまずあり

図表３－７　日本の輸出数量指数の推移

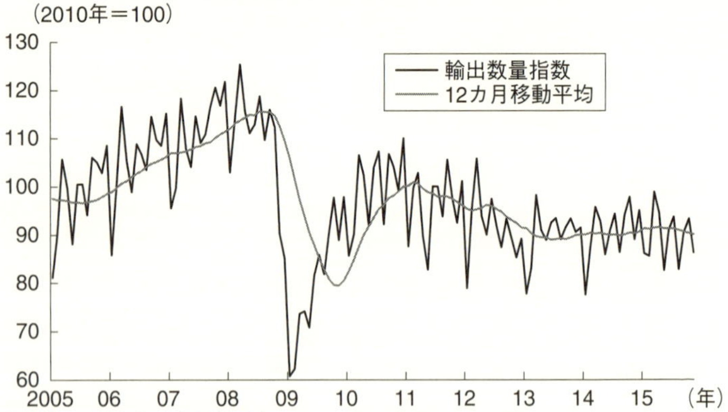

（出所）財務省「貿易統計」

23　財務省が公表している統計では、金額ではなく価額と表記しています。

ません。しかし、日本の景気を考えるうえでは大変重要な統計の一つといえます。その理由、そして輸出数量指数の見方は後ほど解説するとして、まずは貿易統計全般について解説します。

◈ 貿易収支

貿易収支、輸出、輸入の三つのヘッドラインのうち、報道などで大きく取り上げられ、世間一般の関心が最も高いのは貿易収支でしょう。かつては、日本は世界最大の貿易黒字国でした。一方的なまでにふくらむ黒字額は、一方で巨額の貿易赤字が問題となっていた米国との間で、しばしば深刻な通商摩擦を生み、それが為替市場を動かす大きな材料ともなってきました。しかし、2011年の東日本大震災をきっかけに、日本は貿易黒字国から貿易赤字国に転じました。背景には、福島での原発事故をきっかけに日本中の原発の稼働が停止し、かわりに火力発電への依存度が高まった結果、石油などの化石燃料の輸入が急増したことがあげられています。

もっとも、それだけが貿易赤字の原因とは言い切れません。2014年半ば以降、貿易赤字に転じた主因とされていたエネルギー輸入額は大幅に減少しています。背景には、原油価格の下落があります。しかし、日本の貿易収支は震災前の水準には戻っていません。その理由として考えられるいくつかの要因のうち、一つは輸出の伸び悩みがあげられます。海外経済、なかでも中国を筆頭としたアジア経済の低迷により、アジア地域向けの輸出が落ち込んでいるために、貿易収支の改善が遅れています。

もう一つ、構造的な問題として指摘されているのが、現地生産化の進展です。趨勢的な円高の進展などもあり、日本の製造業は海外進出を進めてきました。海外で生産したほうが安くモノをつくれるため有利だからです。このため、海外の景気がよくなって日本製品が売れるようになっても、昔に比べると日本からの輸出は増えにくくなりました。一方で、日本国内で日本製の商品を購入しても、実は海外の工場で生産しているモノが増えました。このため、日本の景気がよくなると増える輸入の度合いが昔に比べると高まりました。

このような要因から、日本は貿易黒字がどんどんふくれ上がっていく国ではなくなったと考えられます。一方で、恒常的に貿易赤字国になるとも考えにくい状況です。海外の景気がよくなれば輸出はもう少し増えるでしょう。現状では、世界同時景気回復の様相を呈すれば、再び貿易黒字に転じる公算が大きいとの指摘もあります。また、2013年以降進展している円安を受けて、再び日本で生産活動を増やしていく企業が増え始めています。なかには、海外の工場を閉鎖し、かわりに日本で工場を新設する動きもあります。このような流れを勘案すれば、当面は日本の貿易収支は黒字になったり赤字になったりを繰り返すのではないかと考えられています。

◆ 株式市場は輸出に注目

さて、先ほどあげた三つのヘッドライン（貿易収支、輸出、輸入）のうち、報道などで最も関心が高いのは貿易収支だと述べましたが、マーケットは何に最も注目するでしょうか。もちろん、マーケットはどれか一つにのみ注意を払うということはありません。しかしながら、最も強く関心を集める指標というのはあります。ただし、貿易統計の場合は市場によって注目する指標が異なります。

株式市場は、輸出に関心が高いでしょう。輸出の動向は日本の景気を大きく左右するからです。輸出の拡大は、日本の主要製造業の業績改善につながります。ですから、輸出の動きは輸出関連企業の業績を通じて、株式市場に直結していると考えられます。

日本は基本的には輸出主導型の経済といえるでしょう。戦後の日本の景気循環において、輸出は非常に大きな影響を及ぼしてきました。アベノミクスに沸いた2013年の景気の加速は、株高によって消費者の景況感が改善し、消費が一気に盛り上がるというかつてないパターンでしたが、一方で円安の急進によって輸出関連企業の業績が拡大することを期待して株価が押し上げられるという側面もありました。

円安によって輸出企業が儲かる、というのはきわめて単純な仕組みです。2012年、ドル／円相場は１ドル＝80円前後で推移していました。この時、１台＝１万ドルの車が米国で売れれば、日本の自動車メーカーはこれを売上げに計上するときに円に両替しますから、80万円の売上げとなります（１万ドル×80円＝80万円。面倒なので手数料などは除いて考えます）。

その後、アベノミクス下で日銀による大規模な量的緩和政策導入もあって円安が急伸、2013年早々には１ドル＝100円前後となりました。この時、同じ１台＝１万ドルの車が米国で売れれば、日本円での売上げは100万円（１万ドル×100円＝100万円）へと増えます。

こうした効果があるので、円安になれば輸出ウェイトの大きい企業ほど、その恩恵を大きく受けられます。ですから円安が進むと、株式市場では製造業のなかから輸出ウェイトが高い企業の株が上昇しやすくなります。ただし、たとえばドル高円安が進む一方でユーロ／円相場はほぼ横ばいにとどまるような場合（つまりドル独歩高）、対米輸出のウェイトが大きい企業にはドル高円安による売上げ押上げ効果が期待されますが、対欧輸出のウェイトが大きく、ユーロ建ての取引が多い企業にはドル高円安による売上げ押上げ効果はあまりありません。こうした場合、銘柄ごとに円安の効果は異なりますから、株価への影響も異なります。

円高になる場合は、先ほど述べた効果と逆の影響が出てきます。すなわち、円高になる分だけ外貨建ての売上げを円換算した場合の売上げが落ち込みます。したがって、輸出関連企業の株価にはマイナスの圧力が生じます。

なお、貿易統計は品目ごと、地域ごとに、輸出と輸入の金額が発表されています。基本的には、輸出が拡大していれば株価にはプラス、逆に減少していれば株価にはマイナスとなりますが、細かくみれば輸出が伸びている地域や品目がある一方で、減速している地域や品目もあります。これがそのまま企業ごとや業種ごとの株価に異なる影響を及ぼすことには注意が必要です。

◆ 為替市場は貿易収支に注目

次に、為替市場への影響です。為替市場は輸出から輸入を差し引いた貿易収支に注目します。貿易収支額は、外貨を自国通貨にかえる需要と自国通貨を外貨にかえる需要のどちらが大きいかを示すからです。

輸出企業の場合、海外でモノを売って得た外貨を、邦貨、すなわち日本円に両替する必要があります（海外でそのまま使う分は除く）。たとえば輸出によって100万ドル得た場合、これを売上げに計上するために日本円に両替します。この時、外国為替市場では100万ドルのドル売り・円買いの取引が行われます。この取引だけを考えれば、ドル売り・円買いですから100万ドル分のドル安円高圧力が生じます。

一方、輸入企業は海外からモノを買って、（それを加工するなどして）国内で売っているわけですから、海外のモノを買うときの代金が必要です。仮に相手が米国企業の場合、たいていの場合はドル建てで取引されます。たとえば、150万ドル分のモノを米国から購入する場合、150万ドルに相当する分の日本円をドルに両替してから送金します。この時、外国為替市場では150万ドルのドル買い・円売りの取引が行われます。この取引だけを考えれば、ドル買い・円売りですから150万ドル分のドル高円安圧力が生じます。

さて、いまの輸出と輸入の例をあわせて考えてみましょう。貿易収支の面に着目すると、輸出が100万ドル、輸入が150万ドルですから、差引き50万ドルの貿易赤字です（貿易収支＝輸出－輸入：100万ドル－150万ドル＝マイナス50万ドル）。一方、外国為替面に着目すると、100万ドルのドル売り円買いと、150万ドルのドル買い円売りをあわせれば、差引き50万ドルのドル買い円売りとなります。つまり、50万ドル分のドル高円安圧力が生じています。

このように、貿易赤字国の場合は自国通貨売りの外貨通貨買い圧力が勝るため自国通貨安圧力が高まります。逆に、貿易黒字国の場合は自国通貨買いの外貨通貨売り圧力が勝るため自国通貨高圧力が高まります。つまり、貿易赤字は通貨安要因、貿易黒字は通貨高要因ということです。足元で、日本は貿易赤字国になっているわけですから“円売り圧力が強い”ということになります。

このように、貿易収支は実際の通貨取引に影響しますので、為替市場が注目する材料になるのです。もちろん、経済統計として発表された貿易収支額は過去のものですから（たとえば日本の場合、貿易統計が発表されるのは翌月の中旬～下旬）、その分の為替取引が新たに発生するわけではありません。為替市場は、貿易黒字（あるいは赤字）が拡大する傾向にあるのか、それとも縮小する傾向にあるのか、あるいは反転する可能性があるのか、というトレンドに関心をもちます。ですから、たとえば発表された日本の貿易赤字額が市場の事前予想よりも大きくなっていれば、「貿易赤字額は予想を上回るペースで拡大し始めている≒今後はいままで以上に円売り圧力が高まるだろう」と考えて円安要因になるのです。

ところで、貿易取引によって生じる両替を目的とした取引は、外国為替取引のごくわずかを占めているにすぎません。モノの取引である貿易取引以外にも通貨の“両替需要”としては、証券投資や直接投資に絡むもの（外国債券や外国株への投資、あるいは外国からの国内証券への投資、海外企業の買収や海外企業からの買収、海外への工場設置や海外企業による国内への事務所設置など）や、海外旅行に絡むものなど多岐にわたります。貿易取引も含めて、実際の売買によって生じるこれらの“両替”に伴う為替取引を“実需”と呼びます。これに対し、為替による売買差益に絞った取引を“投機取引”と呼びます。FXなどもこれに当たるでしょう。世界の為替取引量は１日当り５兆ドルを超えるとされています[24]。このうちの大半は投機取引に伴うものといわれており、貿易取引

24　BIS（国際決済銀行）の調べによれば、2013年４月の１日当りの取引規模は５兆3,000億ドル強としています。

による為替相場への直接的な影響はそれほど大きくはないとされています。しかし、貿易収支という“材料”で投機取引が行われている側面もあり、間接的なインパクトを考えれば無視はできません。

◈ 輸出金額と輸出数量の変化がもたらす経済効果

では、輸出数量はどこが重要なのでしょうか。

日本の貿易統計は、輸出金額や輸入金額、そして輸出から輸入を差し引いた貿易収支金額について、総額だけではなく地域別や品目別にも集計、公表されています。さらに、一部の商品については輸出、あるいは輸入量も公表されています。また、地域と品目をあわせた地域別商品別輸出入も発表されています。

こうした金額や量を指数化しているものが貿易指数と呼ばれるものです。具体的には、輸出金額指数、輸出数量指数、輸出価格指数、輸入金額指数、輸入数量指数、輸入価格指数が、それぞれ貿易全体、および主要地域別に発表されています[25]。

アベノミクス下で円安が進んだ2013年以降の輸出の動向を、輸出金額と輸出数量とに分けてみてみましょう（図表３－８）。円安が進むにつれ、輸出金額は増えていきます。“円安になると輸出が増える”といわれますが、そのとおりの結果となっています。一方、輸出数量指数のほうをみてみると、こちらはまったく増えていません。どういうことでしょうか。

実は、円安が輸出を押し上げるのには二段階の効果があります。第一段階が、輸出金額を押し上げる効果です。前述したよう

25　2015年現在では、指数はそれぞれ2010年の価格や数量を100として指数化されたものです。

図表3－8　日本の輸出指数の推移（前年比）

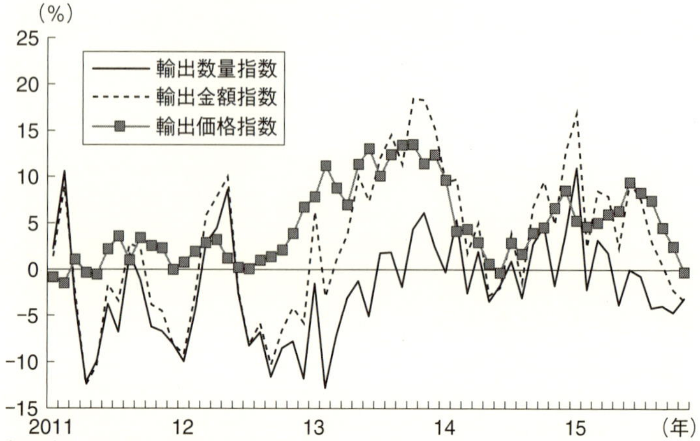

（出所）　財務省「貿易統計」

に、円安が進むとその分だけ日本企業の円建てでの手取りが増えます。１ドル＝80円の時に１万ドルの自動車が売れると80万円の売上げになりますが、１ドル＝100円まで円安が進めば、売上げは自動的に100万円に増えます。これが円安による輸出金額押上げ効果です。

第二段階は、輸出数量の押上げ効果です。実は先ほどの例では、自動車販売台数（輸出数量）は変わっていません。一般的に、企業は円安によって売上げが増えてよかったね、では終わりません。利益が十分確保できるのであれば、より多くのモノを売ろうとします。たとえば、１ドル＝100円まで円安が進んで売上げが増えましたが、それだけでは売上げの増加は一過性のものにとどまってしまいます。翌年も１ドル＝100円で定着すれば、前年対比でみた売上げの伸びはゼロになってしまいます。

そこで、企業は値引きという選択を行います。1ドル＝80円の時代に1万ドルの自動車を売って80万円の売上げでも利益が出ていたとすれば、1ドル＝100円まで円安が進んで100万円の売上げとなれば、単純計算すれば利益は20万円増えます。そこで、たとえば1万ドルの自動車を9,000ドルに値引きします。それでも売上げは90万円（1ドル＝100円×9,000ドル＝90万円）と、80万円で売れていた時代に比べれば10万円利益は増えている計算になるため、利益は十分確保できているでしょう。

ここで、仮に外国メーカーのライバル車が9,500ドルで売っていたとします。1万ドルで売っていた時代は、ライバル車よりも価格が高かったので、ライバル車を選んで購入する人が多かったかもしれません。しかし、9,000ドルに値下げすれば、ライバル車よりも価格は安くなります。その結果、自社の車を選んでくれる人が増えることになるでしょう。つまり、値引きしたことにより販売台数（＝輸出数量）が増加するはずです（図表3－9）。

こうして、円安によって日本企業が海外で販売している価格を引き下げれば、その効果で輸出数量が増えることになるでしょう。これが円安による輸出押上げ効果の第二段階です。そして、この第二段階まで効果が進展するかどうかが重要なのです。なぜかというと、円安による輸出押上げ効果第一段階（輸出金額増加）は円安によって円建てでの手取りが増えることによるものなので、儲かるのは輸出を行っている企業のみ（自動車の例でいえば自動車の完成品メーカー）ということになり、輸出製品の部品などを輸出企業に納入している企業には恩恵はありません[26]。

しかし、円安になった分のいくらかを値引きすることで、円安による輸出押上げ効果第二段階（輸出数量増加）が生じれば、数

図表3－9　円安による輸出の押上げ効果

［第一段階］輸出金額の増加

販売数量は同じでも円安により売上高が押し上げられる。

［第二段階］輸出数量の増加

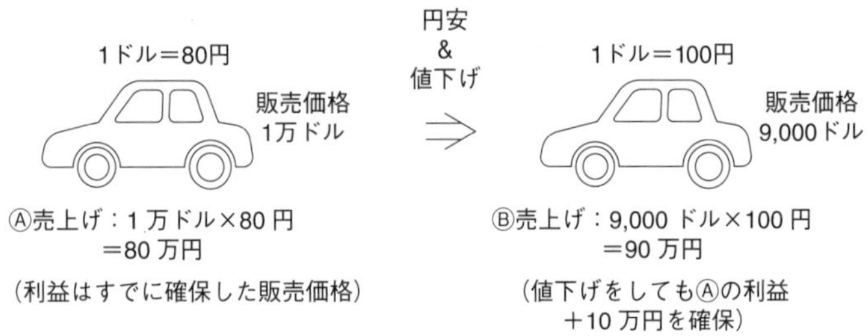

円安により値下げ余地が生まれるため、
価格競争の結果、販売数量が増加する。

26　厳密には、輸出企業の利益が拡大することによって、間接的に利益が広がる効果も考えられます。たとえば、輸出メーカーが部品メーカーから購入する部品代の値上げを受け入れるとか、輸出メーカーの株価が上昇することで、当該企業の株主に利益が生じます。日本企業では、引き続き取引先会社の株を保有している例も多く、その場合は株高効果が取引先企業に及びます。

量が増えた分だけ部品の販売数量も増えているはずです。こうして、直接輸出を行っていない部品メーカーも、生産数量の拡大によって売上げが増え、利益が拡大します。現実的には、輸出を直接行っている企業の多くは大企業であり、部品などを製造している企業には中小企業が多くあります。企業数でいえば、日本の中小企業の割合は全企業数の99％を占めています。働いている人の数でいえば、全労働者の約70％が中小企業従事者です。この事実をふまえれば、円安が進展したとしても、自動的に効果が出る第一段階（輸出金額押上げ）で恩恵を受ける人はわずかにとどまります。値下げをすることによって効果が出る第二段階（輸出数量押上げ）にまで至ることによって、はじめて多くの人に恩恵が染みわたります。そして、多くの中小製造業が円安効果を受けることによって、そこで働く人たちの所得が増えれば、消費の拡大が飲食店やサービス業などの非製造業の業績拡大につながります。

ここまでくれば、円安の効果は広く国内に染みわたっていきます。円安の負の効果である輸入価格の上昇（1ドル＝80円の時代なら100ドルのモノは8,000円で買えましたが、1ドル＝100円になれば100ドルのモノは1万円に上昇します）による利益悪化圧力をいくらか軽減することができるでしょう。

しかし、先にも述べたように、アベノミクス下で進んだ円安局面では、輸出数量はほとんど増えていません。その理由として考えられるのは、日本企業が海外での販売価格を引き下げていないことにあるといわれています。実際、日本の輸出物価の動向をみると[27]、海外での販売価格がほとんど下落していないことがわかります。せっかく円安になっても、海外での販売価格を引き下げていないのであれば、数量は簡単には増えません。これに加えて、海外経済、なかでもアジア経済の回復の遅れも、輸出数量の足かせ要因となっています。

「円安になれば輸出が増え、景気がよくなる」というのは、実は正確な表現ではないのです。より正確には、「円安になれば輸出金額は増える。それで景気全体がよくなるには、輸出数量が増える必要がある」ということでしょう。とかく株式市場は円安、円高で反応しますが、それがどの程度効果があるのかを見極めるには、輸出数量などの細かな統計を読む必要もあるのです。

27　海外での輸出物価をみるためには、日銀が発表している生産者物価統計のなかの［輸出物価指数（契約通貨ベース）］をみる必要があります。

第4章

ここに注意！
リスクの高さを測る指標

成長力の高い国、金利の高い国への投資は魅力的です。ただし、そういった高いリターンが期待できる国は、相対的にリスクも高い国という側面もあります。特に、高度成長軌道に乗ってきた新興国のなかには、ちょっとした環境の変化で資金流出が起き、経済が大混乱するリスクを内包している国もあります。第4章では、そうしたリスクを見極めるポイントとなる経済指標について解説します。

1 経常収支

◆ 海外との取引による収支の合計

経常収支とは、国全体の海外とのお金の収支の合計を指します。具体的には、貿易収支、サービス収支、所得収支（第一次所得収支と第二次所得収支に分かれます）の合計です。黒字であれば、海外から国内に入ってくるお金の量が、国内から海外に出ていくお金の量よりも多いことを示しています。経常収支は金額で表され、プラスであれば黒字、マイナスであれば赤字と表現されます。またその規模を国際比較する場合は、経常収支の金額がその国の同時期の名目GDPと比較して何パーセントになるかで示し、これを"経常収支のGDP比"などと表現しています。

◆ 国際収支とは

経常収支からみるリスクの話をする前に、まず国家間の資金のやりとりを示す国際収支の概念について少し説明します。

国際収支とは、海外から国内に入ってくるお金と、国内から海外に出ていくお金を種類別に分類したものです。家計簿のようなもの、と考えればいいでしょう。日本はIMFが公表しているマニュアルに基づいて国際収支統計を作成しており、多くの国もこれを採用している"国際基準"といえる統計です。

大まかに分けると、国際収支は海外とのモノやサービスの取引によって発生する代金の支払や受取りをまとめた［経常収支］

と、証券投資や直接投資といった資本の取引によって発生する資金の流入や流出に加え、政府や日銀が保有している外貨、および外貨建て資産の増減をまとめた［金融収支］、そして固定資産の取得や処分に伴う資金の移転などをまとめた［資本移転等収支］で構成されています（図表4－1）。

概念上、［経常収支＋資本移転等収支＝金融収支］という式が成り立つようになっています[28]。たとえば、輸出が100億ドル、輸入が10億ドルとなった結果、貿易収支は90億ドルの黒字になっているとします。サービス収支など、その他の経常収支要因はたまたま均衡（ゼロ）だったとすると、経常収支は貿易収支と同額の90億ドルの黒字です。この90億ドルの黒字ですが、金融収支のほうではここで「90億ドルの外貨建て資産が増えた」と解釈して計上します。すなわち、金融収支にも90億ドルの黒字を計上します。このようにして、経常収支と金融収支の金額を一致させるのです。実際には、輸出で得た外貨は、銀行に預けられるだけでなく、直接投資に向かったり、何か別の支払と即座に決済されたりと、さまざまなかたちに使われるでしょう。こうした金融面でのお金の流れも同時に捕捉し、計上しているのです。

◆ 経常収支とリスクの関係

さて、経常収支とリスクの関係の話に戻りましょう。リスクの大小という観点でみれば、経常赤字の規模が大きければ大きいほどリスクが大きいと認識されます。経常収支が赤字の国は、その分だけ海外から資金を別の方法で調達して赤字分をまかなってい

28 実際の統計ではすべてのお金の取引を計測しきれないので、誤差が生じます。この誤差の部分は［誤差脱漏］として記載されます。

図表4－1　国際収支項目表

項目	出ていくお金より入ってくるお金のほうが多ければ
経常収支	+
貿易・サービス収支	+
貿易収支	+
サービス収支	+
輸送	+
旅行	+
その他サービス	+
第一次所得収支	+
雇用者報酬	+
投資収益	+
その他第一次所得	+
第二次所得収支	+
個人間移転	+
資本移転等収支	+
金融収支	−
直接投資	−
証券投資	−
金融派生商品	−
その他投資	−
外貨準備	−

（出所）財務省

ることになります。この場合の資金調達は、基本的には金融収支でまかないます。すなわち、直接投資収支や証券投資収支のほか、その他収支（現金の流出入など）などで、これらが流入することで経常赤字分をまかないます。直接投資とは海外（国内）の企業が工場などを国内（海外）に創設することによって海外から入ってくる（国内から出ていく）お金のこと、証券投資とは海外

（国内）の投資家が国内（海外）の証券などに投資することによって海外から入ってくる（国内から出ていく）お金のことです。いずれも入ってくるお金のほうが出ていくお金よりも多ければ、海外の資産を買ったお金よりも、国内の資産が買われたお金のほうが多いので赤字（流入超過）、出ていくお金のほうが入ってくるお金よりも多ければ、海外の資産を買ったお金のほうが、国内の資産を買われたお金よりも多いので黒字（流出超過）ということになります。

このように考えると、経常赤字の規模が大きい国ほど、多くの資金を海外からの直接投資や証券投資といった投資資金の流入に頼っていることになります。そうすると、経常赤字が大きい国は、常に安心して投資できるような魅力ある国にしていく必要があります。たとえば、経済成長力が高く、インフレは安定し、政治も安定しており、国内にクーデターやテロのリスクがなく、国際紛争のリスクも小さいといった環境が整っている必要があるでしょう。もちろん、これらすべての条件を整えているような国はほとんどないかもしれませんが、投資という観点で十分条件を満たしていると投資家に認識してもらうことが必要です（図表４－２）。

◆ リスク回避局面

しかし、そうした条件を満たしていたとしても、投資家が極端にリスクを回避しようとするような局面では、投資資金が十分に流入してこないリスクが出てきます。たとえば、2008年に世界市場を混乱に陥れたリーマンショックのような局面です。当時、世界の投資家の多くが少しでも手元にキャッシュ（現金）をもとう

図表4－2　国別経常収支（GDP比）ランキング

[経常黒字上位20国]

順位	国名	GDP比(%)
1	クウェート	35.4
2	ツバル	27.0
3	東ティモール	26.1
4	カタール	25.1
5	ブルネイ	23.6
6	シンガポール	19.1
7	ボツワナ	17.1
8	アゼルバイジャン	15.3
9	サウジアラビア	14.1
10	台湾	12.3
11	アラブ首長国連邦	12.1
12	ガボン	11.3
13	オランダ	10.4
14	ノルウェー	8.5
15	トリニダード・トバゴ	8.3
16	ドイツ	7.5
17	スイス	7.0
18	韓国	6.3
19	スウェーデン	6.3
20	デンマーク	6.3

[経常赤字下位20国]

順位	国名	GDP比(%)
187	モザンビーク	-34.8
186	リベリア	-31.9
185	リビア	-30.1
184	セントビンセント・グレナディーン	-29.4
183	モーリタニア	-27.6
182	ジブチ	-27.4
181	レバノン	-24.9
180	ラオス	-24.9
179	グレナダ	-23.6

178	セーシェル	-22.5
177	ジンバブエ	-22.3
176	ブータン	-22.0
175	バハマ	-21.6
174	マーシャル諸島	-20.9
173	サントメ・プリンシペ	-20.8
172	ギニア	-18.5
171	ニジェール	-18.1
170	モンテネグロ	-17.8
169	ブルンジ	-17.6
168	ガイアナ	-15.9

[その他主な国の経常収支]

順位	国名	GDP比(%)
28	マレーシア	4.6
30	フィリピン	4.4
35	タイ	3.8
36	ロシア	3.1
42	中国	2.0
44	イタリア	1.8
48	ギリシャ	0.9
54	日本	0.5
72	フランス	-1.1
78	インド	-1.4
81	メキシコ	-2.1
82	カナダ	-2.2
85	米国	-2.4
86	オーストラリア	-2.8
87	インドネシア	-3.0
92	ニュージーランド	-3.5
95	ブラジル	-3.9
106	南アフリカ	-0.5
108	英国	-5.5
109	トルコ	-5.7

(出所) IMF「World Economic Outlook Databases (2015年4月)」

とし、世界中のリスク性資産（株など）が売られました。当然、先進国に比べてリスクが高いとみなされている多くの新興国市場からも資金が流出しました。その結果、証券投資収支などの黒字が大幅に減少してしまいます。

それでは、市場混乱などによって民間部門からの投資資金の流入が減少した場合、どのようなことが起こるのでしょうか。

第一に考えられるのは、投資資金の流入額が減少すれば、それにあわせるかたちで経常赤字が減少することです。経常収支は、［貿易収支＋サービス収支＋所得収支］で構成されているので、これによる赤字額が減少すればいいのです。たとえば、貿易赤字が縮小すれば、経常赤字は縮小します。ただし、市場が混乱しているような局面では、経済環境も悪化していると考えられるので、輸出が拡大することによって貿易赤字が縮小することは期待しにくいと考えられます。したがって、貿易赤字縮小には輸入の減少が必要でしょう。

第二に考えられるのは、海外からの借入れを増やすことでまかなう方法です。たとえば、株式投資による証券投資が減少して金融収支の赤字額が減少した分を、債券の発行という方法で補うのです。

主に、以上のような二つの方法で海外からの投資マネーの縮小を補うことができますが、これらの方法では経済に悪い影響が出てしまいます。第一の方法では、輸入の減少が必要と述べましたが、そのためには国内の需要が減少すること、すなわち景気の悪化が必要となります。第二の方法では、海外からの借入れを増やすことになりますから、国や企業のバランスシートが悪化します。また金利の上昇も招くでしょう。経済・市場環境が混乱しているなかで金利が上昇すれば、景気には大きなダメージが及ぶ可能性があります。

このような状態に陥るリスクは、経済規模に比べた経常赤字の規模、すなわち経常赤字のGDP比率が高いほど大きくなると考えられます。もっとも、比率が高い国はすべてリスクも大きいのかというと、そうではありません。逆に、比率がそれほど高くなければリスクも小さいかというと、そうとは言い切れないのです。

たとえば、英国や米国、オーストラリアなどは、GDP比でみてもかなり高い比率の経常赤字国です。しかし、これらの国は総合的にみた信用力が高いため、海外からの十分な資金流入を確保できていると考えられます。一方、韓国やタイ、ロシアなどは経常黒字国ですが、世界でリスク回避の動きが強まると資金流出圧力が強まる傾向にあります。背景には、政治や経済の透明性に対する疑念が高い、金融収支のうち海外からの資金流入部分が短期借入れによるところが大きく、リスク回避圧力が強まると一気に資金流出圧力が高まり、企業などが資金不足に陥ることになることなどが考えられます。

このように、経常収支は赤字の規模（名目GDPに対する比率でみた規模）が大きく、加えてさまざまな面からみた国の信用力が相対的に低い国では、資本市場の動きに弊害が生じた際に急激に経済が悪化したり、それによって株価や通貨価値が急落するリスクがある点に注意が必要です。また、経常黒字国であっても、経常収支と対をなす金融収支の中身が悪ければ、市場が危機に陥ってリスク回避の動きが強まるような局面では、決して安泰とはいえない点にも留意する必要があるでしょう。

2 対外債務

◆ 名目GDPに対する債務残高の割合による比較

対外債務とは、その名のとおり海外から借り入れている債務の残高です。一般的には、経済規模が大きい国ほど金額的には多くの債務を抱えている可能性があります。ただし、債務残高が大きいからといっても、その負担が大きいかどうかはわかりません。たとえば、年収500万円の人にとっての5,000万円の借金の負担感と、年収１億円の人にとっての5,000万円の借金の負担感は異なると考えられるのと同じです。そこで、対外債務を国際比較するような場合には、その国の名目GDP比でみることになります。

経常収支と同様に、日本をはじめ多くの国がIMFの基準にのっとって対外債務残高を発表しています。“債務”の定義は「将来のある時点で元本や利息を支払うことを要する金融商品のみを対象とする」（財務省）としており、これを市場価格を基準にして集計しています。データは、債務者として政府、中央銀行、預金取扱機関、その他部門、直接投資・借入れの部門別に公表されており、債務の内容も期間別（短期か長期か）、借入手段別（債券発行か、借入れかなど）に細分化されています。

一般的に、債務の負担、国全体でみた場合は名目GDPに対する債務残高の割合が大きいほど、さまざまな面でリスクも大きいといえます。債務負担が大きいということは、返済負担が大きいということです。返済負担が大きいほど、収入が減るようなことがあった場合に返済できなくなるリスクが高まります。このように考えると、同じ債務負担であっても、債務の内容によって返済不能に陥るリスクも異なる可能性があるといえます。

◆ 国内債務と対外債務

まず、債務が国内からのものか、それとも国外からのものかでは大きな違いがあります。その違いとは、対外債務、すなわち海外からの借入れを返済するには、その分だけ外貨が必要だという点です。

たとえば日本政府が国内から借金した分は、最悪でも増税したり、紙幣を増刷などすれば返済は可能です。しかし、米国から借りたお金はドルで返す必要があります。もし、手持ちのドルが足りなければ返済できません。足りない分は日本円を増刷して、これをドルに両替すればいいかもしれませんが、そうすると円を売ってドルを買うわけですから、その分だけ円安ドル高になります。円安ドル高になると、残りのドル建ての借金を返すのに必要な日本円が増加して借金の負担が増してしまいます[29]。

したがって、対外債務負担が大きい国では、潜在的な通貨安圧力が高まると考えられます。もっとも、返済に必要な外貨を十分に保有していれば問題はありません。あるいは、経済状況が良好で成長期待も高いなどといった信用力や魅力をもっていれば、外貨調達能力も高く、大きなリスクになることはないかもしれません。

対外債務の支払能力を測る指標として「債務返済比率（DSR：

29　たとえば、1億ドルの借金は、1ドル＝100円であれば100億円ですが、円安が進んで1ドル＝120円になると120億円になります。

Debt Service Ratio)」という概念が用いられることがあります。これは、１年間の輸出額（財とサービス）に対する１年間の対外債務返済額の割合をみたもので、カントリーリスクを測る指針の一つとしても用いられています。外貨は輸出によって稼げますから、支払に必要な外貨をまかなえているかどうかを示す指標と考えていいでしょう。おおむね20％を超えると、リスクが高いと考えられています。

◆ 債務の期間

債務の内容という点では、債務の期間も問題です。1,000万円の借金があった場合、これを20年で返済するのであれば、利息を無視して考えれば１年間の返済額は50万円です（1,000万÷20年＝50万円／年）。しかし同じ借金でも、２年で返済する場合は１年間の返済額は500万円になります（1,000万÷２年＝500万円／年）。このように、同じ債務でも期間が短いものほど１年間での返済額は大きくなります。つまり、債務期間が長ければ１年間の返済額が少ないので、一時的な要因で収入が減少したとしても返済に窮することはないかもしれませんが、債務期間が短い場合は１年間の返済額が大きいので、返済できなくなる可能性があります。

景気というのは循環的に動きます。よくなったらいずれ悪くなる。しかし、悪くなってもいずれはよくなるものです。政府の収入である税収や、企業の収入である売上げは、基本的に景気に連動します。景気が悪化して税収や売上げが落ち込んでも、いずれ景気がよくなればまた収入は増えていきます。しかし、債務期間が短期のものに偏っていると、景気の悪化という一時的な収入（税収や売上げ）の落込みにも耐えられないリスクがあるのです。

したがって、債務割合が大きいほどリスクも大きいと述べましたが、短期債務の割合が高いほど破綻に陥るリスクは大きく、逆に長期債務の割合が高ければ破綻リスクも相対的に小さいということができます。IMF基準に準拠した対外債務残高統計では、債務の期間別にデータが公表されているので、短期債務と長期債務の割合をチェックすることが大事です。対外債務全体のうち短期債務の割合が高いほど、１年間の輸出額に対する１年間の対外債務返済額の割合をみたDSRも高くなりやすいということになります。

しかし、一般的には長期の借入金利よりも、短期の借入金利のほうが低くなるため、借り手としてはできるだけ短期借入れで金利負担を小さくしたいと考えます。このため、どうしても短期借入割合が高くなりがちです。通常であればDSRが20％以下であれば危険水域まで達していないと判断されます。ただし、アジア通貨危機やリーマンショックのような市場環境や経済の激変が生じた場合、リスクを嫌った貸し手は借換えに応じなくなることもあり、資金調達環境が急激に悪化します。また、世界経済が悪化すれば輸出にブレーキがかかり、予想外に外貨を稼げなくなるかもしれません。輸出が落ち込むとDSRは上昇しますから[30]、それを投資家が“危険”と判断すれば、対外債務不履行に陥るリスクをおそれて通貨売りにつながるおそれがあります。実際に自国通貨が下落すれば、その分外貨建て債務の実質負担は高まり、これがさらに景気を冷え込ませ、あるいは投資家のリスク回避の行動に

30　DSRは輸出に対する返済額の割合です。たとえば返済額が10億円だった場合、輸出額が100億円ならDSRは、10÷100＝10％ですが、輸出が50億円に減少すればDSRは、10÷50＝20％へと上昇します。

つながります。“売りが売りを呼ぶ”という言葉が市場にありますが、まさに通貨が売られることで状況が悪化し、それが新たな売り材料となることもあるのです。

このように、対外債務残高はその国のリスクを測るうえでは重要な指標となります。そして、経済が普通の環境であれば問題のない水準だったとしても、経済が異常な環境になった場合にどの程度のリスクがあるのか、といったことまでを想像してみる必要があります。特に、短期債務の割合には注意すべきでしょう。

3 財政収支・政府債務残高

◆ 名目GDP比による国際比較が可能

政府の財政状況を示すのが財政収支です（図表４－３）。これに対し、政府の借金の残高が政府債務残高です（図表４－４）。どちらも金額で示されますが、負担感という観点から名目GDPに対する比率でみることが重要で、国際比較もできます。財政状況が悪化すると、さまざまな面で国家運営に制約を受けることから、財政状況が悪化している国への投資はリスクが大きいということになります。

◆ ほとんどの国は財政赤字

財政収支は、一国の歳入から歳出を引いたものです［財政収支＝歳入－歳出］。主な歳入は税収となります。一方、歳出にはさまざまなものがあります。社会保障費、公共投資、国防費、人件費などです。理想としては、税収でこれらすべての歳出をまかなうことですが、なかなかそうはいきません。一部の資源国を除けば、ほとんどは財政赤字国となっています。

背景にはさまざまな要因が考えられますが、根本的には歳出が硬直的なのに対して、歳入は不安定だからということができます。多くの歳出は国家を維持するための必要経費のような側面もあり、なかなか削減することはできません。日本をはじめとした先進国では高齢化が進んでいますが、これは社会保障費の増大に

図表4－3　国別財政収支（GDP比）ランキング

[財政黒字上位20国]

順位	国名	GDP比（%）
1	クウェート	25.5
2	東ティモール	25.3
3	ツバル	23.8
4	キリバス	17.1
5	カタール	14.5
6	ブルネイ	14.1
7	ミクロネシア	12.5
8	セントクリストファー・ネビス	10.3
9	ノルウェー	8.8
10	アラブ首長国連邦	6.0
11	香港	5.3
12	シンガポール	4.2
13	セーシェル	3.3
14	ガボン	3.0
15	コンゴ民主共和国	2.6
16	ネパール	2.2
17	コンゴ共和国	2.0
18	中央アフリカ	1.9
19	カザフスタン	1.9
20	ソロモン諸島	1.9

[財政赤字下位20国]

順位	国名	GDP比（%）
188	リビア	-43.6
187	ベネズエラ	-14.8
186	エジプト	-13.6
185	ジブチ	-12.0
184	エリトリア	-11.6
183	モンゴル	-11.0
182	モルディブ	-10.6
181	ヨルダン	-10.0
180	ガーナ	-9.8

179	バルバドス	-9.0
178	ガンビア	-9.0
177	モザンビーク	-8.4
176	カーボヴェルデ	-8.3
175	赤道ギニア	-8.2
174	日本	-7.7
173	インド	-7.2
172	レバノン	-7.2
171	ケニア	-6.8
170	南スーダン	-6.8
169	ハイチ	-6.4

[その他主な国の財政収支]

順位	国名	GDP比(%)
28	ドイツ	0.6
30	韓国	0.3
35	ニュージーランド	-0.6
36	中国	-1.1
54	ロシア	-1.2
55	トルコ	-1.5
60	カナダ	-1.8
64	タイ	-1.8
66	インドネシア	-2.2
76	ギリシャ	-2.7
84	イタリア	-3.0
89	オーストラリア	-3.6
98	マレーシア	-3.7
113	南アフリカ	-4.1
115	フランス	-4.2
124	メキシコ	-4.6
126	米国	-5.3
137	英国	-5.7
160	スペイン	-5.8
166	ブラジル	-6.2

(出所) IMF「World Economic Outlook Databases (2015年4月)」

図表4－4　国別政府債務・純債務残高（GDP比）ランキング

政府債務残高上位20国			政府純債務残高上位20国		
順位	国名	GDP比(%)	順位	国名	GDP比(%)
1	日本	246.4	1	ギリシャ	174.3
2	ギリシャ	177.2	2	日本	127.3
3	ジャマイカ	140.6	3	レバノン	125.7
4	レバノン	134.4	4	ポルトガル	120.1
5	イタリア	132.1	5	イタリア	110.4
6	ポルトガル	130.2	6	カーボヴェルデ	107.7
7	エリトリア	125.3	7	グレナダ	107.2
8	カーボヴェルデ	112.2	8	ガンビア	100.2
9	アイルランド	109.5	9	アンティグア・バーブーダ	98.7
10	ブータン	109.5	10	フランス	87.4
11	グレナダ	107.2	11	アイルランド	85.7
12	キプロス	107.1	12	ヨルダン	84.2
13	ベルギー	105.6	13	エジプト	81.9
14	米国	104.8	14	英国	81.0
15	バルバドス	100.4	15	米国	79.7
16	ガンビア	100.2	16	ドミニカ	76.6
17	シンガポール	98.8	17	ベリーズ	76.3
18	アンティグア・バーブーダ	98.7	18	アルバニア	72.6
19	スペイン	97.7	19	ハンガリー	71.6
20	フランス	95.1	20	モルディブ	71.1

（出所）IMF「World Economic Outlook Databases（2015年4月）」

つながっており、むしろ拡大傾向をたどっています。これに対し、歳入をまかなう税収は、景気の影響を受けます。景気が悪化すれば、法人税収や消費税収、所得税収なども減少します。経済活動が不活発になって貿易取引量が減ることで、関税なども減少するかもしれません。基本的に、歳出は予算どおり達成することが可能ですが、税収が主の歳入は予算どおり得られるとは限りません。景気が悪化すれば歳入は思ったように得られず、財政収支は赤字になります。このように、財政収支は基本的には景気に連動します。景気が悪化すれば財政収支は悪化しやすくなる、逆に景気がよくなると財政収支は改善しやすくなります。

◆ 国債の発行とその買い手

歳出を税収でまかなえない分を補うのが国債です。したがって、先ほど［財政収支＝歳入－歳出］と書きましたが、国債という概念をここに加えると［財政収支＝（税収＋国債収入）－歳出＝０］となります。この式を分解すると、［歳出＝税収＋国債収入］となり、さらに変形すると［歳出－税収＝国債収入］となります。したがって、政府は予算を決める段階で、税収だけでは歳出を補えない分だけ国債を発行しようとします。

さて、国債を発行することで税収不足を補うことはできますが、国債を発行すればそれに応じて歳出も拡大します。まず、利息です。国債は、いわば国の借金ですから、普通の借金と同じように利息をつけないと借金に応じてくれる人はいません。国債の場合、利息分を利率と呼び、利率の支払に必要な歳出を利払費と呼んでいます（利率という言葉はなじみがないので、以降は金利と表現します）。さらに、国債には満期があるので、満期になった国債は元本を償還する必要があります。この償還金と利払費をあわせて国債費と呼び、歳出に含まれます。

そうすると、国債の発行が増えるにつれて国債費も増えていきます。そうなればその分だけ歳入も増やす必要があります。税収で補えなければ、さらに国債の新たな発行が増えることになり、これが国債費をふくらませて歳出がより膨張し……と際限がありません。

このように、国債の発行がかさめばかさむほど、財政状況も悪化していく傾向にあります。政府の借金の残高である政府債務残高のうち、大半は国債の発行残高です[31]。国債発行の拡大傾向が続いていくと、政府債務残高が急激にふくらんでしまいます。見方を変えれば、財政状況が悪い国ほど国債の発行残高が増加し、歳出に占める国債費の割合が増大していきます。このことは、歳入のうちの多くが過去の借金の清算に消えていることを意味します。そうすると、機動的な財政運営が困難になります。たとえば、景気が悪化したときなどは、公共投資を増やしたり、減税を実施するなどの景気対策が求められます。しかし、財政状況が悪く、国債費ばかりに歳出が向かっていれば、公共投資などに振り回すお金の余裕はなくなってきます。逆に、歳入を減らすことがむずかしくなるので、減税の余地も小さくなってしまいます。このように、財政状況が悪化して財政が硬直化すると、景気への悪影響が懸念されるようになります。一方で、新たに国債の発行を増やすことで予算を捻出することは可能ですが、それは単に借金の拡大を招くだけです。

国債の発行が増えるにつれて、新たな問題が生じてきます。それは「だれが国債を買うのか」という問題です。一般的に、投資家が自国の国債を購入するケースでは、それが満期保有目的であれば元本は保証されますので、リスクは自分の国が破綻するリスクか、そうでなければ予想外にインフレが急加速してしまうリスク以外、ほとんどありません。これに対し、海外投資家には“為替変動”というリスクがつきまといます。したがって、海外投資家にとっては海外の国債はリスクの高い投資先ということになり

31　日本の場合、約８割が国債と政府短期証券となっています。

ます。リスクが高いということになれば、その分だけリターンも高くなければ割にあいません[32]。したがって、海外投資家はそのリスクに見合うだけの高い利回りを求めることになるでしょう。つまり、国債投資に関しては、自国の投資家が求める利回りよりも、海外の投資家が求める利回りのほうが高くなると考えられます。

そうすると、財政が悪化して国債の発行がかさみ、国内の投資家だけでは買い切れなくなったらどうなるでしょうか。この場合、一般的には海外の投資家に買ってもらうしかありません[33]。先ほど述べたように、海外の投資家が求めるリターンは、国内の投資家以上でしょうから、より高い金利で国債を発行する必要があります。したがって、外国人投資家による国債保有割合が高まると、金利には上昇圧力がかかりやすくなると考えられます。日本の場合、政府債務残高のGDPに対する割合は200％を超えており、「世界で最も借金が多い国」といわれていますが、それでも金利が低いのは、成長率やインフレ率が低いからだけでなく、外国人による保有割合が５％程度（2015年６月現在）と非常に低いからだと考えられます（図表４－５）。見方を変えれば、日本の場合は国内の投資家（中央銀行である日銀も含む）の購入がむずかしくなってくると外国人の投資に頼らざるをえなくなるため、金利が急上昇するリスクもあるということになります。

32　為替ヘッジをかけることによって、為替変動リスクをなくすことはできます。しかし、この場合は新たにヘッジコストがかかるので、そのコストを上乗せした分のリターンがなければ投資しないでしょう。

33　中央銀行が購入するケースも考えられます。

図表4－5　投資家別日本国債保有割合の推移

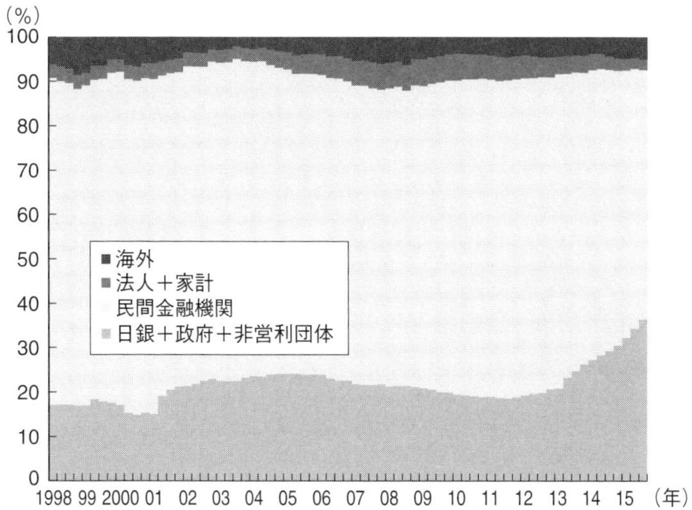

（出所）日本銀行

◆ プライマリーバランス

それでは、財政状況が改善していくためにはどうすればよいのでしょうか。税収で歳出額をまかなえれば理想的ですが、そのためには国債費以外の歳出額を大幅に減らすか、増税して税収を大幅に増やすような緊縮財政政策を行う必要があります。しかし、どちらも景気の失速は免れず、人々の生活も混乱することは避けられないでしょう。何より、そのような政策を掲げた政治家が選挙で選ばれる可能性は低く、結果として緊縮財政政策は避けられることになるでしょう。

そこで、政府債務残高を減らしていくのではなく、債務残高の負担感を減らしていこうという議論があります。つまり、名目

GDPに対する政府債務残高の比率を低下させるということです。

日本でも、政府が掲げる財政改善目標として“プライマリーバランス（基礎的財政収支）”という言葉が出てきます。プライマリーバランスとは、政府の歳出と歳入のうち、国債に絡むものをすべて除いた部分の歳出と歳入のバランスのことを指します。具体的には、歳出からは国債費を、歳入からは国債収入を取り除きます。歳出から国債費を引いたものを一般歳出といいます。歳入から国債収入を除けば税収になります。つまり、プライマリーバランスとは、一般歳出と税収のバランスのことです。これが均衡すると、すなわち［税収＝一般歳出］となると、新たな国債発行額はその年に必要な国債費の分だけということになります。国債費は過去に発行した国債の利払費と償還金ですから［新規国債発行額＝利払費＋償還金］となります。ここで、政府債務残高に注目すると、新規に国債が発行された分だけ政府の債務残高が増える一方で、償還された国債の分だけ債務残高は減ります。つまり、政府債務残高は、新規国債発行額から償還金を引いた分だけ増えることになります。式に表すと［新規国債発行額－償還金＝政府債務残高の増加分］となります。一方で、前述したように［新規国債発行額＝利払費＋償還金］ですから、この式を変形して［新規国債発行額－償還金＝利払費］と表すと、［政府債務残高の増加分＝利払費］となります。つまり、プライマリーバランスを均衡させると、政府債務残高は国債の利払費の分だけ変化することになります。ここで、政府債務残高を名目GDP比（政府債務残高÷名目GDP）でみることにします。分子である政府債務残高は、毎年利払費の分だけ増加します。利払費は［政府債務残高×金利］と表記できるため、金利水準に応じて変化することになります。一方、分母である名目GDPは、毎年経済成長率分だけ変化します。すると、政府債務残高の名目GDP比は、①金利水準が名目GDP成長率と同じであれば、比率は変わらない、②金利水準が名目GDP成長率よりも高ければ、比率は上昇する、③金利水準が名目GDP成長率よりも低ければ、比率は低下する、という関係があるということになります。つまり、プライマリーバランスが均衡したうえで、発行済国債の平均利回りが名目経済成長率よりも低ければ、政府債務残高の名目GDP比は低下傾向をたどっていくのです。したがって、まずはプライマリーバランスをゼロ、あるいは黒字にすることが、財政改善の目標とされるのです。

◆ 財政破綻＝デフォルト

財政悪化の最悪の結末が財政破綻です。一般的には、借金が返せなくなった段階で破綻と認識されますから、国家の場合でも借金が返せなくなること、すなわち国債の利払いや償還を約束どおり履行しなかった段階で“破綻＝デフォルト”とみなされます。当然、国の信用は落ちますから、通貨が暴落するでしょう。通貨安となれば輸入インフレが生じます。インフレ率は二桁に達することが多く、経済は急激に悪化していきます。立て直すには借金の棒引きなどが必要となります。たいていの場合、IMFが仲介に立って、混乱を回避するために必要な外貨を融資するかわりに、財政の健全化を図るための厳しい緊縮財政政策を求めることになります。しかし、こうした厳しい緊縮財政政策は、一時的にせよ国内景気をさらに冷え込ませることにつながるため、経済の混乱はしばらく続くことになります。

このように、財政悪化はその国の価値を大きく損ねるリスクを高めることになります。そして、財政状況が厳しくなればなるほど一般的には高い金利が求められるようになります。高金利というのは一見魅力的ではありますが、それなりの理由があるはずですから、財政状況などをチェックすることは重要です。その際のチェック項目としては、①政府債務残高の名目GDP比率の水準と傾向（上昇しているか低下しているか）、②財政赤字（単年度）の名目GDP比率の水準と傾向、③国債発行残高に占める外国人保有比率の水準、④プライマリーバランスの水準、ということになるでしょう。もちろん、これらだけをみればよいのではなく、財政はその国の政治動向と密接につながる側面があるので、さまざまな情報を多面的にみる必要はありますが、特に新興国への投資を考える際には、以上四つの財政チェック項目は確認しておくべきだと考えます。

4 実質金利

実質金利というのは経済指標ではありません。しかし、市場の動きや経済の動きを読むうえではきわめて重要な概念だと思うので取り上げることにしました。

序章でも触れているのですが、実質金利は金利からインフレ率を差し引いたものです[34]。たとえば、金利が３％、インフレ率が１％だとすれば、実質金利は［３－１＝２％］ということになります。「インフレのことを勘案したら、実質的には金利は何パーセントなのか」という意味合いと考えてください。序章では、実質金利がマイナスとなっている現在の日本では、リスクを避けてお金を（実質的に）増やすことはできない、ということについて述べました。ここでは、市場を読むうえで実質金利という概念が使われる点について述べたいと思います。

◆ 運用においては実質金利差が重要

為替相場の変動要因として最も基本的なものが実質金利差です。為替相場は、当該２カ国間の実質金利差や経常収支差などに加えて、政治動向などによっても左右されます。これらの変動要因のなかで、比較的短中期的な相場変動を左右するのが実質金利

34 理論的には、実質金利は金利から期待インフレ率を差し引いたものとなりますが、ここでは短期的にはインフレ率の変動は安定している限り大きく変化しないことを前提に、特に断りのない限り足元のインフレ率という意味で話を進めます。

差です（図表４－６）。

たとえばドル／円相場の場合、かつては日米間の貿易黒字（米国からみれば貿易赤字）が大きく、これが両国間の通商摩擦を生みました。これにより、米国は日本に対して関税の撤廃や米国品の受入れを求めたほか、円の価値が低すぎるため日本の製品が安すぎるとして、円高への是正を求めてきました。しかし、こうした通商摩擦が鎮静化した2000年代半ば以降は、日米の実質金利差とドル／円相場の相関が急激に強くなっています。ここでは、金利はそれぞれ２年物国債の利回り、インフレ率はエネルギーと食料品を除いた消費者物価（いわゆる欧米型コア）の前年同月比を使って、実質金利差を求めています。

実質金利差が為替相場を動かす要因になる仕組みを考えましょう。たとえば、米国で１ドルで販売しているものが、日本では

図表４－６　ドル／円相場と日米実質短期金利差（月末値）

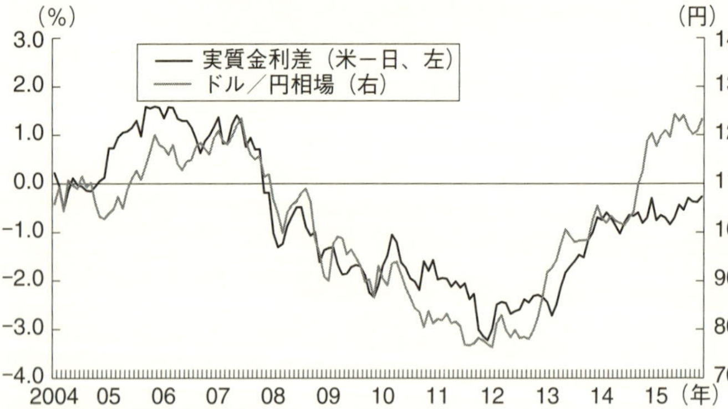

（注）　金利差は［米２年債－日２年債］で算出。CPIコア（日本は食品・エネルギーを除く）で実質化。
（出所）　総務省、米労働省、Bloomberg

100円で売られているとします。ここで、米国のインフレ率を２％、金利を３％とします。一方、日本のインフレ率、金利はともに０％とします。この商品は、１年後にいくらになるでしょうか。米国ではインフレ率が２％なので1.02ドルに上昇しますが、日本のインフレ率はゼロなので100円のままです。すると１年後には1.02ドルの商品が100円になりますから１ドル＝98.04円になるはずです（100÷1.02≒98.04）。つまり、２円近くも円高になりました。このように、インフレ率が高い国では通貨の価値が下落しやすく、逆にインフレ率が低い国では通貨の価値は上昇しやすくなります。

しかし、金利のことを勘案すればお金の価値はまた違ってきます。米国で１ドルをもっていれば金利が３％なので１年後には1.03ドルになります。日本では金利は０％なので、100円はいつまでも100円のままです。そうなると、仮に１年間運用しようとした場合、日本で100円をもっているのは不利なので、米国で運用しようとするでしょう。米国で100円を１ドルに両替し１年間運用すれば1.03ドルになります。

物価だけの面で考えれば、インフレ率の差から１ドル＝100円の商品は98.04円に下落しています。しかし、金利差を考えて運用すれば、手元には1.03ドルあります。そうすると、98.04円は１ドルの値段ですが、その間に１ドルを1.03ドルに増やせることを勘案すれば１ドル＝100.98円（98.04×1.03≒100.98）になるはずです。

お金を運用しようとした場合、表面的な金利水準ではなく、インフレ率を差し引いた実質金利水準が大切です。たとえば、10％の金利がついているといっても、物価が20％も１年間で上昇するとしたらどうでしょう。

100円が手元にあり、それで1個＝100円のリンゴを買うとします。いま買えば100円を失うかわりにリンゴが1個手に入ります。しかし、もし1年間金利10％で運用するとどうなるでしょうか。100円のお金に対し10％の利息がつきますから、1年後には110円に増えています。しかし、物価は20％ですからリンゴの値段は1年後には120円になってしまっています。そうすると、リンゴを買うには10円足りなくなってしまいます。この場合、金利からインフレ率を引いた実質金利はマイナス10％です（金利10％－インフレ率20％＝マイナス10％）。金利がマイナスということは、利息を“もらう”のではなく、利息を“払う”ということです。つまり、10％分だけお金の価値が減っているのです。

では、先ほどの日米の金利とインフレ率で考えてみましょう。米国の金利は3％、インフレ率は2％ですから、実質金利は［金利3％－インフレ率2％＝1％］で1％となります。しかし、日本では金利もインフレ率もゼロですから、実質金利も0％です。この場合、日本で運用するよりも、米国で運用したほうがお金は増えます。したがって、その分日本から米国にお金が流れるでしょう。つまり日本円を売って米国ドルを買うのですから円安ドル高が進展するということです。

◆ 高金利通貨に対する考え方

この概念を用いると、「高金利なのになぜ通貨の価値が上がらないのか」、あるいは「米国で利上げをするとなぜ金利水準が高い国ほどお金が逃げやすくなるのか」といったことも一部説明可能です。ここでは実質金利と普通の金利をより明確に区別するために、インフレ率を差し引く前の金利を“名目金利”と呼ぶことにします。

“高金利通貨”という言葉があります。文字どおり名目金利が高い国の通貨です。このように名目金利が高いということは運用面で魅力があり、多くの資金を引きつける力をもちます。中長期的には、名目長期金利はその国の名目経済成長率（名目GDP）とほぼ同水準になると考えられています。したがって、名目金利が高い国は名目経済成長率も高い新興国に多いのです。しかし、名目金利が高い国はたいていの場合インフレ率も高いのが実情です。ですから、名目金利からインフレ率を引いた実質金利をみると、意外にも先進国とそれほど変わらない国も多いのです。また、金利が上昇していても、実はインフレ率も上昇しているために、実質金利は上昇していないこともあります。

たとえば、2015年に入ってから８月中までにブラジルは政策金利を３％も引き上げましたが、実質政策金利はほとんど上昇しませんでした（図表４－７）。その間、インフレ率もほぼ同幅上昇していたからです。実質金利が上昇すると通貨には上昇圧力が働きますが、ブラジルの場合は実質金利が上昇していないので、通貨には上昇圧力が働きません。実際、ブラジルレアルの対ドル相場は上昇するどころか景気に対する不安感もあって下落基調をたどっていきました。ブラジルの場合、通貨安が輸入物価を押し上げ、インフレの加速につながっている側面もあります。したがって、インフレを落ち着かせるためには通貨安に歯止めをかけることも考えなければなりません。そのためには、実質金利の引上げが必要です。つまり、もっと大きく金利を引き上げなければならないということです。金利の引上げは景気にブレーキをかけるこ

図表4－7　ブラジルの政策金利の推移

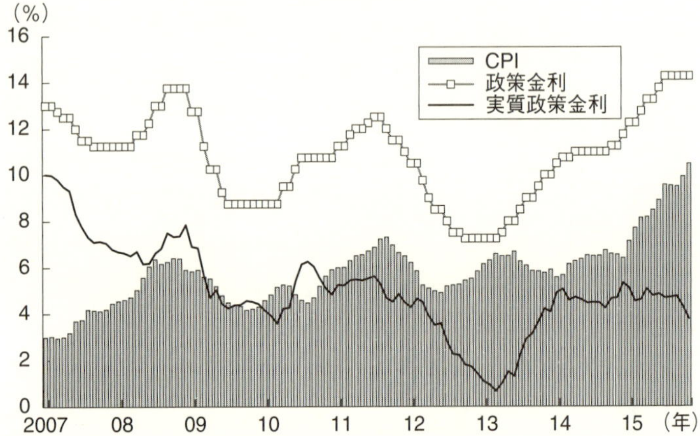

（出所）　ブラジル地理統計資料院、ブラジル中央銀行

となるので、景気が悪化していくなかでの利上げは景気をさらに冷え込ませることからむずかしい判断を迫られることになりますが、そうしなければ“通貨安→インフレ加速→通貨安→インフレ”という悪循環から容易には抜け出せません。

◆ 米国の利上げによる影響

ところで、自国の金利が動かなくても、他国の金利が動けば金利差は変化し、これに応じて為替相場も動きます。これが場合によっては深刻な事態をもたらすこともあります。特に世界の市場が緊張するのが、米国が利上げを開始するときです。

米国経済は世界で最も規模が大きく、世界経済の牽引車です。よほどの事態でも起きない限り、米国経済がよくなれば世界経済が持ち直し、米国経済が失速すれば世界経済も減速に転じます。

基本的に、第二次世界大戦後の世界経済は、こうした米国主導での景気循環を繰り返しています。このように考えると、米国経済が回復し始めた段階では、まだほかの多くの国の景気は回復していません。こうした状況で米国が先制するようなかたちで利上げを始めると、米国と他国との金利差が拡大し、為替相場は米ドル高に振れ始めます。米国経済が回復基調を強めれば、それはやがて新興国にも輸出主導での景気回復というかたちで連鎖していきます。米国利上げによる米ドル高自国通貨安も、輸出に追い風となって、景気の回復を早めるかもしれません。

しかし、そうした恩恵を受けられないような国では、通貨安によって生じるインフレ圧力の高まりが頭の痛い問題となります。インフレ圧力を軽減させるためには、利上げによって自国通貨安を防ぐ必要があります。しかし、景気が冴えないなかで利上げを行えば、景気にさらにダメージを負わせることになります。かといって、インフレを放置すれば、実質金利が低下することでさらなる通貨安につながり、通貨安とインフレの恐怖のスパイラルに陥ってしまうリスクがあります。

金融政策は本来、自国の景気やインフレなどの環境に応じて能動的に行うべきですが、他国の動向によって受動的に利上げを迫られるリスクもあります。このようにして、自国の景気状況と矛盾するような政策をとらざるをえなくなると、投資家の目も厳しくなりがちです。やがて、こうした国からは投資資金が流出するようになります。株安、不動産安とともに、通貨価値も急落し始めます。国債も、外国人投資家の保有割合が高ければ、価格下落（＝金利上昇）は避けられないでしょう。場合によっては、通貨価値が急落する自国通貨に見切りをつけて、積極的にドルなどの外国通貨に両替する国民が出てくるかもしれません。当該国の政策が矛盾をはらめばはらむほど、資金流出圧力は強まります。こうした環境では、価格が下がることを期待した投資が相場変動にさらに拍車をかけているかもしれません。どこかの段階で、実際の実質金利差からは説明できないほど通貨は売られ、それによるインフレ加速が実体経済を混乱させてしまうかもしれません。自国通貨の価値が急落すれば、対外債務の負担はその分逆に大きくなります。1年前の為替レートであれば数年分の支払余力があると計算できた海外からの借金も、急落した為替レートでは半年分も支払えないなどということもあります。結局、債務不履行を宣言するか、そうでなければIMFなどに救済を求めるしか選択肢がなくなる、という例は過去何度もみられました。

◆ 均衡実質金利

もう一つ、実質金利という概念で知っておいてほしいのは均衡実質金利というものです。これは理論上のもので、景気に対して中立的な実質金利水準という概念です。概念ですから、実際の何かの利回り（たとえば10年債利回りとか）を指すものではありません。たとえば、均衡実質金利が２％だとすると、実質金利が２％以上となれば景気にはブレーキがかかり、逆に２％以下となれば景気にはアクセルがかかる、と考えられます。均衡実質金利の水準は国や時代によって変わります。おおむね、潜在成長率に等しくなると考えられています。

あくまでも理論上の概念で、実際のマーケットをみるうえで必要な知識とまではいえないので、詳細な説明は省きます。覚えてほしいのは、利上げや利下げがすぐに景気に影響を及ぼすわけではない、ということです。

金利は上昇すれば景気にはマイナス、低下すればプラスとの印象があります。これは決して間違ってはいないのですが、実質金利がある一定のレベル以上になるまで景気にはブレーキはかからないということは、利上げが開始されたからといっても、すぐには景気は悪化しないということでもあります。したがって、たとえば株価が企業業績からみてほぼ適切な水準にあるとするならば、利上げが始まったからといってもすぐに景気は悪化せず、その間は企業業績も拡大し続けるため、株価には上昇圧力がかかり続けるということです。そしてある一定レベル以上にまで実質金利が上昇すると景気にはブレーキがかかり始めるので、そこからさらに金利が上昇していくのであれば景気の減速や株価の下落ゾーンに入った、と認識すればいいということです。

これとは逆に、中央銀行が利下げを行ったからといって、すぐに景気がよくなるわけではありません。景気にアクセルがかかるには、均衡実質金利水準以下にまで実質金利が低下する必要があるのです。市場は、先行きを読んで動くといわれますが、そういったせっかちなマーケットでも、利上げが始まってすぐに景気の悪化を織り込むわけではないですし、利下げが始まるとすぐに景気回復を織り込むわけではありません。中央銀行の利上げ、あるいは利下げのテンポ次第で均衡実質金利まで実際の実質金利が到達するスピードは変わります。こうしたことをふまえたうえで、相場の動きや転換点を読む必要があるのです。

第5章

やはり重要
各国中央銀行の金融政策とクセ

市場の動きを見極めるうえで、最も基本的なものは経済動向です。しかし、中央銀行はその経済動向を左右する力をもっています。したがって、中央銀行の動向を読むことは、市場の動きを見極めるうえでは大変重要なポイントとなります。ここでは、主な中央銀行について、その制度や組織、あるいは特徴などについて取り上げます。

1 FRB（米国）の金融政策

◆ 基軸通貨ドルをコントロール

世界経済を牽引する米国経済の中央銀行であり、基軸通貨ドルの発行を管理するのが米国の中央銀行です。いわば、世界の経済とマーケットをコントロールする能力をもつといえる組織です。

米国の中央銀行はFRB（エフアールビー：Federal Reserve Board：連邦準備制度理事会）と呼ばれます。中央銀行ながら“銀行”という名がついていないことからもイメージできるように、米国の中央銀行システムはやや複雑です。より正確には、米国の金融政策を統括するのは連邦準備制度（Federal Reserve System）という複合組織体です。そのなかにある連邦準備制度理事会が金融政策などを決定し、連邦準備制度の統括機関という役割を担います。理事会のトップは議長と呼ばれ、2014年以降はイエレン議長がFRB初の女性議長としてその任にあたっています。議長の下には副議長、そして５人の理事職があり、計７名で組織されています。理事の任期は14年です。議長や副議長は理事のなかから任命され、議長や副議長の任期は４年となっています。それぞれ大統領が上院の承認を得て任命するかたちとなっています。いずれの職も、上院の承認を得て大統領が任命すれば任期を更新することは可能です。1987年に議長に就任したアラン・グリーンスパンは、その後2004年まで議長の職を務めました。

◆ FOMC（連邦公開市場委員会）

実際の金融政策を決定するのはFOMC（エフオーエムシー：Federal Open Market Committee：連邦公開市場委員会）です。年間8回（1月下旬、3月中旬、4月下旬、6月中旬、7月下旬、9月中旬、10月下旬、12月中旬：下旬の場合は翌月初にまたぐ場合もある）開催されます。このうち、その年の偶数回目の会合ではFOMCメンバーによる経済見通しなどが発表され、議長の記者会見があらかじめ予定されています。

メンバーは、前述した議長を含めた理事会の7名に加え、後述する地区連銀の総裁5名の計12名で組織されています。FOMCは2日間で行われ、金融政策について決定します。議決はメンバーの多数決で決定します。

地区連銀は連邦準備銀行（Federal Reserve Banks）が正式名称です（日本では地区連銀との呼び方が一般的）。ドル紙幣の発行や銀行の監督などの実務を行う組織です。全米に12の地区連銀が存在します[35]。FOMCには、ニューヨーク連銀総裁が必ず入るほかは、残りの11地区連銀総裁のうち4名が持ち回りで参加します。

◆ FRBによる金融政策

FRBは、その政策目標として、①雇用の最大化、②物価の安定、が連邦準備法という法律で定められています[36]。FRBはこの二つの目標を達成するために、さまざまな金融政策を行っている

35 ボストン、ニューヨーク、フィラデルフィア、クリーブランド、リッチモンド、アトランタ、シカゴ、セントルイス、ミネアポリス、カンザスシティ、ダラス、サンフランシスコの各地区。

ということです。

金融政策で最も注目されるのが、政策金利の変更です（図表5－1）。米国の場合、注目される政策金利はFF金利（エフエフ金利：Federal Fund Rate：フェデラルファンド金利）です[37]。景気がよくなりすぎ、インフレのリスクが高まっていると判断すれば金利を引き上げます。逆に、景気が悪くなり、雇用が悪化するほかデフレのリスクが出てくると判断すれば、金利を引き下げます。つまり、政策金利をどう動かすのか、動かすのか動かさないのか、を左右するのは、あくまでも二つの目標を遂行するうえでの景気の判断となります。

図表5－1　米国の政策金利（FF金利）の推移

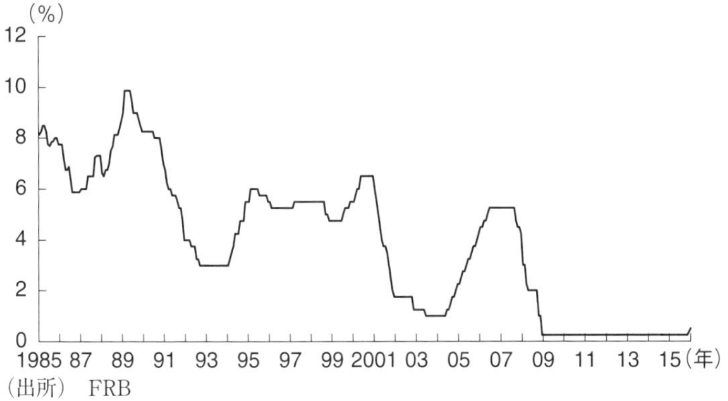

（出所）FRB

36　このほかに、③穏やかな長期金利、というものもありますが、通常は雇用の最大化と物価の安定が意識されます。

37　銀行は預金残高に応じて、地区連銀に預金残高の一定割合を無利子の準備預金として預け入れることが義務づけられています。この準備預金のことを“FF（フェデラルファンド”といいます。FF金利は、準備預金の過不足を調整するために、銀行が無担保で相互に貸し借りをする際に適用される金利のことです。

その判断材料の一つとして注目されるのが、FOMCが開催される2週間前に発表される地区連銀経済報告（Summary of Commentary on Current Economic Conditions by Federal Reserve District）です。ただし、だれもこのような長い名前で呼びません。通常はベージュブック（Beige Book）と呼ばれています。この報告書の表紙がベージュ色であることに由来しているといわれています。ベージュブックは、地区連銀が持ち回りで、各地区連銀から報告された経済状況を取りまとめたものです。すべての地域経済が同じ方向に向かうということはなかなかありませんが、多くの地区で景気に際立った動きがみられれば、金融政策に影響を及ぼすかもしれないとして、マーケットも材料視します。

◆ 政策目標＝物価の安定

金融政策を読むうえで、市場が重要視する経済指標は物価と雇用に関する統計です。これは、FRBの金融政策の目標に合致するからです。まず、物価に関してですが、FRBは物価について「個人消費デフレーター（PCEデフレーター）で年間２％のインフレ率が、長期的にみてFRBの責務に最も一致した水準だと判断している」としています。PCEデフレーターは、毎月下旬に発表される個人所得・支出統計で発表されます。名目個人消費支出と実質個人消費支出の伸び率の差となる部分がPCEデフレーターの伸び率となります。メジャーな物価統計といえば消費者物価指数ですが、FRBは消費者物価指数よりも物価のカバーが広く、実態に即しているとしてPCEデフレーターを採用しています。しかし、発表が遅めなので、市場は消費者物価指数の動向をみながら、金融政策への影響を判断する傾向があります。

注意すべき点は、エネルギーや食料品といった、必ずしも景気の強さとは連動しない要因によって価格が上下するものも含めたベースの伸び率としてFRBは“２％”としている点ですが、過去のFRBの行動パターンからみてこうした一時的な現象でインフレ率が２％から離れたからといって、利上げや利下げをすることはまずないと考えていいでしょう。市場も、どちらかといえば物価の趨勢としてエネルギーや食料品を除いた“コア”のベースの物価上昇率の動向を重視する傾向があります。

◆ 政策目標＝雇用の最大化

FRBの金融政策を見極めるうえでもう一つ重要な統計が雇用に関する統計です。FRBは、“雇用の最大化”を使命の一つとして課せられています。では“雇用の最大化”とは何かというと、理論的には“完全雇用”の状態にあることを指すといえます。完全雇用というのは、決して失業者がまったくいないということを示すわけではありません。どんなに景気がよくなっても、世の中には働く意思がそれほどない人や、そうした能力が備わっていない人もいるものです。あるいは、景気がよくなればなるほど、よりよい労働条件を求めて、いったん会社を辞めて新しい職を探す人が出てきます（自発的失業者という）。

このように、一定程度の失業は必ずあることを前提に、そうでない人がすべて職に就いている状態を完全雇用と呼びます。また、そのような状態にある失業率を“自然失業率”と呼びます。このような水準まで実際の失業率が低下してくれば、米国経済は完全雇用に達したとみなしていいでしょう。

これとよく似たものにNAIRU（ナイル：Non-Accelerating

Inflation Rate of Unemployment）という概念があります。インフレを加速させない失業率と呼ばれるもので、これ以下にまで失業率が低下すると、人手不足感が強まって賃金が加速するというものです。賃金の加速は、やがてインフレの加速に結びつくと考えられるので、中央銀行はインフレへの対応を準備する必要があります。そのためには、景気に少しずつブレーキをかけていく、すなわち利上げが必要となります。NAIRUの水準は、国や時代によって異なります。最近（2010年代半ば）の米国の場合、おおむね５％程度とされています（FRBは4.9％と試算）。これを下回るようであれば、FRBは完全雇用をほぼ達成したとみなされ、インフレへの対応を迫られるということがいえるでしょう。

◆ 声明文からFRBの考え方を読み解く

FRBの考え方を図るうえで重要なものが、FOMCが終わると即座に発表される声明文です。ここでは、その段階での米国経済やインフレに対する評価、先行きの見通し、そしてこれらを受けての当面の金融政策（変更を行えばどのように変更したかが記述される）が記述されます。最後に、この金融政策決定にあたっての賛成者と反対者がわかるように書かれています。すべて含めても40～50行程度にまとめられています。

市場参加者は、この声明文の内容が前回からどのように変わったかに注目します。景気や物価に対する判断が上方修正されたのか、それとも下方修正されたのか。あるいは表現方法がどのように変わったのか、それこそ助詞や形容詞一つに至るまで分析され、FRBの金融政策が利上げに近づいたのか、それとも利下げに近づいたのか、あるいはしばらく変更はなさそうなのか、チェックされます。そして、なんらかの変化が出れば、それは米国の債券市場や株式市場に影響を及ぼします。もちろん、為替市場では基軸通貨のドルを左右するわけですから、すべての為替レートに影響が及びます。

FRBの金融政策は、物価だけでなく景気の動向も十分に加味しながら総合的に判断する傾向が非常に強いといえます。かつては、米国も財政赤字や経常赤字といった双子の赤字が問題とされるなかで、インフレに非常に気を遣うような金融政策を行ってきた時期もありました。しかし、90年代以降はインフレが落ち着いた環境のもとで、できる限り成長を促すような政策をとっているようにも見受けられます。

しかし、90年代後半にはITバブルの、2000年代半ばには住宅バブルの発生を抑えることはできませんでした。バブル発生の原因を金融政策だけに求めることはできませんが、より積極的な対応ができたのではないかという批判もあります。今後は、こうしたバブルの発生を未然に防ぐためにどのような対応が可能なのか、FRBは新たな金融政策を模索していくことになるかもしれません。

一方で、FRBの金融政策は世界の経済・マーケットに非常に大きな影響を及ぼします。ここでも述べたように、自国経済への対応が、場合によっては他国に厳しい環境をもたらすリスクもあります。こうしたリスクを生む米国と他国との景気のギャップは、先進国と主要新興国の財務相と中銀総裁が集まったG20などの場でもしばしば取り上げられます。もちろん、FRBは基本的に米国の経済状況に見合った金融政策を行うことが目的で、他国に配慮する義務はありません。しかし、そのようなギャップが大きい時ほど、FRBの金融政策が世界のマーケットを大きく揺さぶるリスクは高まります。FRBの行動は、米国だけでなくすべてのマーケットに変化をもたらすリスクがある点に注意を払う必要があるでしょう。

2 日本銀行の金融政策

◆ 最高意思決定機関は政策委員会

いうまでもなく、日本銀行は日本の中央銀行です。日本銀行法により定められている認可法人であり、政府から独立した機関です。ちなみに、日銀はジャスダックに上場しています（証券コード8301）。ここに上場して取引されているのは株式ではなく、出資証券と呼ばれるもので、議決権などはありません。しかし、普通に売買されており、日々値動きしています。

日銀は、組織としては普通の会社のようにさまざまな部署があり（部ではなく局と呼ばれる）、本店や支店、国内外に事業所があります。ただし、職員はみなし公務員とされます。日銀の最高意思決定機関は9名からなる政策委員会で、金融政策の運営のほか、さまざまな業務の基本方針を決定しています。最大責任者は総裁です。そのほか2名の副総裁、6名の審議委員で構成されています。いずれも衆参両院の同意を得て内閣が任命し、任期は5年となっています。いずれの職も条件を満たせば再任は可能です。しかし、少なくとも1997年に成立した改正日銀法以降、再任された審議委員はいますが、FRBのような総裁の再任はありません。

◆ 金融政策決定会合は年8回開催へ

日銀の金融政策は、年14回行われる金融政策決定会合で決められてきました。ただし、2016年からは会合は年８回（１月下旬、３月中旬、４月下旬、６月中旬、７月下旬、９月中旬、10月下旬、12月中旬：下旬の場合は翌月初にまたぐ場合もある）へと変更されました。FRBやユーロ圏の中央銀行であるECBも年８回の開催であることから、足並みをそろえるかたちとなったもので、今後は年８回というパターンが定着するものと考えられます。なお、2016年の会議はすべて２日間にわたって行われ、そのうちその年の奇数回の会合では、政策委員による見通しである「経済・物価情勢の展望（展望リポート）」が会合後にあわせて発表されることになりました（2015年までは年２回）。これも、FRBが導入したシステムに倣ったものと考えられます。

金融政策決定会合では、①金融市場調節方針の決定・変更、②基準割引率、基準貸付利率および預金準備率の決定・変更、③金融政策手段（オペレーションに係る手形や債券の種類や条件、担保の種類等）の決定・変更、④経済・金融情勢に関する基本的見解の決定・変更、などが話し合われます。これらの決定は、政策委員会メンバーによる多数決で決められます。

決定会合の結果は、即座に「当面の金融政策運営について」と題する公表文で発表されます。内容としては、FRBの声明文と同様に金融政策についての決定事項、政策委員内での賛否、経済状況や物価状況に対する評価や見通しなどが簡潔にまとめられています。また、これまで日銀は会議の議事録について、約１カ月後に「議事要旨」として公表してきましたが、2016年からは会議の約１週間後に「主な意見」を公表し、「議事要旨」は１カ月半後に公表することにしています。こうした改革は、金融政策をよりオープンなものにするという世界的な流れに沿ったものと考えられます。

◈ 金融政策の目的＝物価の安定

日銀の金融政策の目的は、日銀法によって「我が国の中央銀行として、銀行券を発行するとともに、通貨及び金融の調節を行うこと」および「銀行その他の金融機関の間で行われる資金決済の円滑の確保を図り、もって信用秩序の維持に資すること」と定められています[38]。また、その理念として「物価の安定を図ることを通じて国民経済の健全な発展に資すること」が掲げられています[39]。物価の安定を前提に経済の発展を目指すということで、一義的には物価の安定に主眼が置かれているといえます。

2013年１月、日銀は“国民経済の健全な発展に資する”ための物価の安定目標として、消費者物価で前年対比上昇率２％と定め、これをできるだけ早期に実現するための金融政策を行うとしています。ただし、短期的には物価はエネルギー価格や食料品価格といった変動の激しいモノの価格変動の影響を大きく受けてしまいます。そこで、物価の基調としてこれらを除いたベースの消費者物価をみる傾向があり、実際日銀が公表している「展望リポート」における物価見通しでは生鮮食料品を除いたベースの物価（コア[40]）上昇率の見通しが掲載されています。

38　日銀ホームページより。

39　日銀ホームページより。

40　欧米では「コア物価」といった場合にはエネルギーと食料品を除く物価を指す場合が多い。したがって、日本では全体から生鮮食料品を除いたベースの物価上昇率を「日本型コア」と呼び、エネルギーと食料品を除いたベースの物価を「欧米型コア」、あるいは「コアコア」と呼ぶことがあります。

ただし、昨今は原油価格が急落することで物価の伸び率が大幅に鈍化し、日銀の物価目標から大きく乖離することもあります。一方で、原油価格の下落は電気料金やガソリン価格、灯油価格などの下落につながるため、石油輸入国である日本では経済全体にプラスの効果が働きます。つまり、原油価格の下落は景気押上げ要因となるにもかかわらず、物価には押下げ要因として働きます。仮に、物価上昇率が２％から大きく下ぶれることによって日銀が金融緩和を強めれば、原油価格下落によって押し上げられている景気をさらに強めてしまいます。逆に、原油価格が上昇することで物価が押し上げられ、一方で景気にはマイナスの影響が出ているにもかかわらず、日銀が量的緩和政策から脱却したらどのような影響が出るでしょうか。こうした議論のもと、日銀が物価目標を変更する可能性も指摘されています。

◆ 量的・質的金融緩和

さて、アベノミクスのもとで、2013年から日銀が行っている金融政策は「量的・質的金融緩和」と呼ばれるものです。デフレからの脱却をねらった、きわめて積極的な金融緩和策と評すことができるでしょう。

金融政策というのは、目立たないものや専門的なものまで含めれば多岐にわたる手段がありますが、一般的に最も目立つのは金利の変更、すなわち利上げや利下げです（図表５－２）。しかし、デフレに陥ったことで、金利水準を目標にした金融緩和には限界が生じました。なぜかというと、金利は通常ではゼロ以下にまでは下がりません。一方で、デフレに陥ったことでインフレ率はマイナスになりました。すると、景気や市場にインパクトをもたら

図表５－２　日本の政策金利の推移

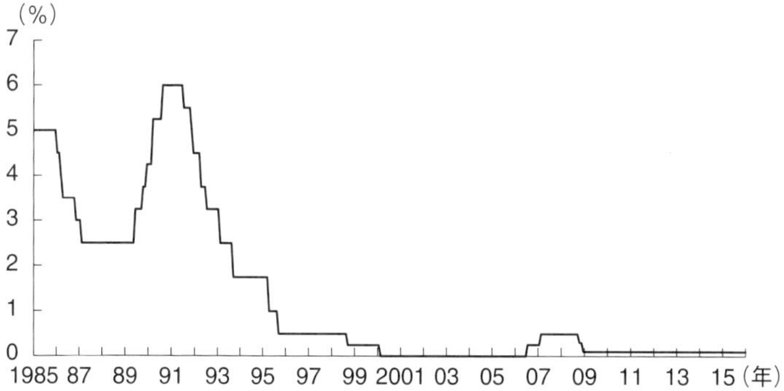

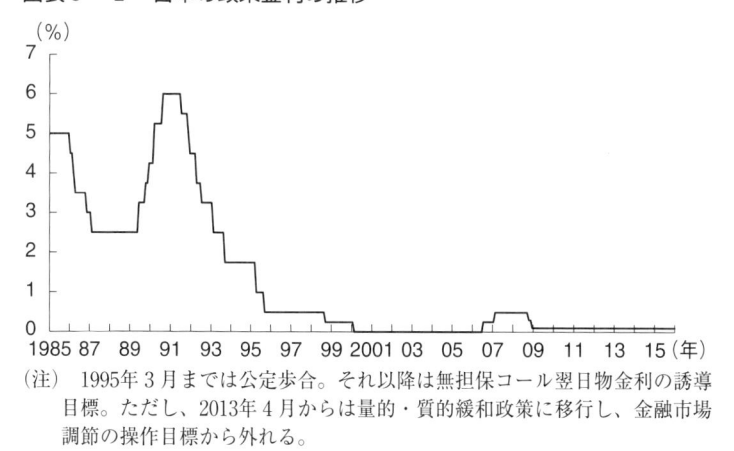

（注）1995年３月までは公定歩合。それ以降は無担保コール翌日物金利の誘導目標。ただし、2013年４月からは量的・質的緩和政策に移行し、金融市場調節の操作目標から外れる。
（出所）日本銀行

す実質金利（金利－インフレ率）はプラスに転じてしまいます。景気が悪化するとデフレが深刻になり、インフレ率のマイナス幅は拡大しますが、そうなればなるほど実質金利は上昇してしまいます[41]。実質金利が上昇すれば景気にはマイナスの影響が出ます。当然、株価にも下落圧力がかかります。一方、実質金利の上昇は為替相場には通貨高圧力となります。自国通貨の上昇は輸入物価の下落要因になりますから、これがさらなるデフレ圧力の増大につながります。

日本は消費税率引上げ後の1998年から経済規模（名目GDP）が

41　たとえば、金利がゼロ、インフレ率がマイナス１％なら、実質金利はプラス１％になります［０－(－１)＝＋１］。しかし、デフレが悪化してインフレ率がマイナス２％になると、実質金利はプラス２％に上昇します［０－(－２)＝＋２］。

縮小し始め、あわせて物価上昇率も下落基調に転じたことから、この頃からデフレに陥ったといわれています。その後、経済学でもそれほど重視されてこなかったデフレという現象への評価、あるいはとるべき対応などが定まらず、日銀や政府の政策対応もばらつきました。特に金融政策面ではさまざまな対応がなされましたが、どれも的確にデフレ圧力を軽減するには至らなかったと考えられます。

日銀は、2001～2006年にかけて、金利水準を目標にした金融政策から、日銀当座預金残高を目標にした量的緩和政策へと移行したことがありました。しかし、この政策はデフレ脱却にそれほど大きな効果をもたなかったという見方が一般的です。第一に、日銀が供給する資金の量が、日本全体の需給ギャップ[42]の大きさから考えられるマネーの必要量に比べて小さすぎたとの指摘があります。つまり緩和の規模が小さすぎるということです。第二に、当時、日銀はこの政策を「生鮮食品を除く消費者物価指数の前年比上昇率が安定的に０％以上になるまで続ける」としましたが、この物価目標が低すぎたと考えられています。物価の下落に歯止めがかかった段階で、日銀が緩和政策を停止すると考えれば、物価が上昇に転じる＝デフレから脱却するとの期待は高まりません。

2013年からとられている「量的・質的金融緩和」政策は、基本的には2001年からとられた量的緩和政策と、本質的な違いはありません。ただし、前回の量的緩和に比べて緩和の規模が圧倒的に

42　需要量と供給量の乖離でGDPギャップともいいます。供給量に対し、需要量が小さいと需給ギャップはマイナスとして、デフレ圧力が働くと考えられます。

大きいこと、インフレ目標を２％とかなり高く設定していることが異なる点です（図表５－３）。実際に、黒田日銀総裁のもとで実施されている緩和政策は、為替市場において急激な円安を促しました。円安の進展が輸入物価の上昇を通じて物価を押し上げました。消費税率の引上げによって予想以上に景気の低迷が明らかになった2014年秋には、緩和規模をさらに拡大させる“追加緩和”が実施され、これも市場においては円安・株高を促しました。

さらに、日銀は2016年１月に行われた金融政策決定会合にて、これまでの量的・質的緩和政策に加えて、マイナス金利政策を加えた“マイナス金利付き量的・質的緩和政策”を導入しました。銀行が日銀に預けている日銀当座預金の一部について、金利をマイナス0.1％とし、銀行から民間向けの貸出や投資に資金が向かいやすくすることをねらった措置です。これにより、日本の国債

図表５－３　マネタリーベースの推移（年末値）

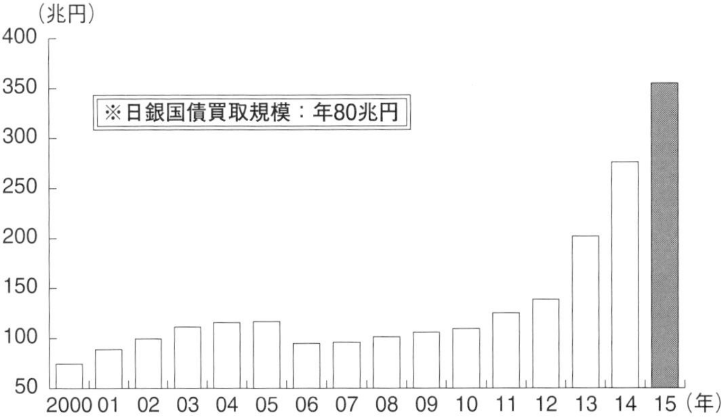

（注）　2015年は日銀発表による計画。
（出所）　日本銀行

利回りはさらに低下し、株価の上昇や円安の進展などが期待されています。日銀は、今後さらなる金融緩和政策が必要な場合には、金利のマイナス幅をさらに引き下げることができると説明しています。

◆ 市場との対話姿勢

かつて、日銀総裁は日銀出身者と財務省（以前は大蔵省）出身者が交代でその座に就いていました。また、特に日銀出身の総裁のもとでは、とかく金融引締めに偏りがちで、財務省出身者のもとでは金融緩和に偏りがち、などという見方がありました。90年代に入ると、当時のFRBのグリーンスパン議長は市場との対話を進め、金融政策に対する市場の見方をうまく誘導することで、金融政策の効果をより活かすことに成功したなどといわれてきました。一方で、日銀はそうした市場との対話がうまくいかず、金融政策の効果を損なっていたなどとも指摘されてきました。

しかし、最近では日銀の対応は随分と変わってきたとの見方が多いようです。金融政策決定会合の日程をFRBやECBにあわせる方針は、市場を意識したものと考えられます。金融政策決定会合について「主な意見」を１週間後に公表するシステムは、欧米以上に積極的な情報開示姿勢ととらえることができます。こうした変化は、市場にはよい印象をもたれています。そして、市場によい印象をもたれることで対話がスムーズに進められるようになれば、金融政策の効果をより高める可能性も出てきます。

一方で、こうした日銀の変化は「量的・質的金融緩和」という大胆な緩和政策の導入とあわせ、2013年に日銀総裁となった黒田総裁のもとで行われてきたものです。市場に黒田総裁のポジティブなイメージが強くなればなるほど“ポスト黒田”がリスク要因となります。はたしてデフレ脱却が可能で、日銀はいつか量的緩和政策から脱却できるのか、あるいはできた場合の出口戦略は、などさまざまな課題を抱えていますが、日銀はこれら一つひとつに対し、市場をうまく味方につけることができるかどうかが今後問われることになるでしょう。

3　ECB（ユーロ圏）の金融政策

◆ ユーロ加盟／非加盟による複雑な組織形態

ECB（イーシービー：European Central Bank：欧州中央銀行）は、統一通貨ユーロ加盟国の中央銀行です（図表5－4）。1998年に設立され、ドイツのフランクフルトに本店があります。ECBは6名の役員会と、25名の政策理事会、30名の一般理事会で構成されており、それぞれの会のトップをECB総裁が務めています。

EUは、ユーロに加盟して統一通貨ユーロを導入している国々

図表5－4　ユーロ圏の政策金利の推移

（出所）　ECB

と、ユーロに非加盟で独自の通貨をもっている非ユーロ加盟国とに分かれているため、組織形態もやや複雑です。

役員会は、ECB総裁と副総裁に加えて、ユーロ加盟国から4名の理事が就任しています。金融政策を決定するのは政策理事会で、役員会メンバーに加えて19カ国のユーロ加盟国の中央銀行総裁がメンバーとなっています。一般理事会というのは、ECB総裁と副総裁、ユーロ加盟国の中央銀行総裁（19名）に加えて、EU内でユーロを導入していない非ユーロ圏の中央銀行総裁（9名）で構成されています。一般理事会は、ユーロ圏と非ユーロ圏の中央銀行同士の情報交換などの場としての位置づけです。この組織のうち、ユーロ加盟国で構成されている役員会と政策理事会をユーロシステムと呼び、非ユーロ加盟国をあわせた組織を欧州中央銀行制度と呼んでいます。このうち、ECBが金融政策を司るのはユーロ加盟国で構成されるユーロシステムの範囲内にとどまります。非ユーロ圏の中央銀行は、それぞれ独自の金融政策を執り行います。

ECBが金融政策を決定する会合を「政策理事会」と呼びます。2015年から、金融政策を決める政策理事会は年間8回、6週間ごとに開催すると決められました。これにより、FRBが行うFOMCとほぼ同時期の開催となり、2016年からは日銀とも同じ時期に金融政策の会合が開かれることになりました。政策理事会で決定された結果は声明文として直ちに発表され、その後ECB総裁による記者会見が行われます。声明文は非常に簡潔で、政策金利の誘導目標などが掲載されているのみです。特別なことがあれば、別添資料として付け加えられるかたちです。

◆ 金融政策の目的＝ユーロ圏の物価の安定＋EUの経済政策支援

ECBの金融政策の目的はユーロ圏の物価の安定と定められており、消費者物価上昇率が前年対比＋２％を超えないようにするものの、できるだけ２％に近づけるとしています。さらに、物価安定の目標を維持したうえで、EUの経済政策を支援するという目的もあります。具体的には、高い水準での雇用の創出とインフレによらない経済成長の維持とされています。

とはいえ、ECBの金融政策のむずかしさは、他の中央銀行の比ではありません。それは、経済規模や政治システムが異なる複数の国の金融政策を一手に担うからです（図表５－５）。ユーロ圏内最大の経済大国であるドイツと最も小さいマルタのGDPを比較すると、およそ360倍以上もの開きがあります。経済規模や所得水準、あるいは産業構造が異なれば、求められる経済政策も異なります。政治の主権は各国それぞれにあり、政治システムも異なります。言語も異なれば宗教も異なり、経済に対する考え方、生活感も異なるでしょう。

◆ 財政政策がもたらす困難性

最もやっかいな問題が財政政策の違いです。統一通貨を維持するためには、経済のファンダメンタルズをあわせる必要があります。景気を左右する政策の二本柱が金融政策と財政政策です。しかし、ユーロ圏では金融政策は統合しているものの、財政政策は各国に委ねられています。そのために、ユーロ加盟国は厳しい財政基準を課せられています。具体的には、①単年度の財政赤字はGDP比で３％以内とする、②政府の累積債務残高はGDP比で

図表５－５　ユーロ加盟国経済規模

順位	国名	占率(%)
1	ドイツ	28.7
2	フランス	21.2
3	イタリア	16.0
4	スペイン	10.5
5	オランダ	6.4
6	ベルギー	4.0
7	オーストリア	3.3
8	フィンランド	2.0
9	アイルランド	1.8
10	ギリシャ	1.8
11	ポルトガル	1.7
12	スロバキア	0.7
13	ルクセンブルク	0.5
14	スロベニア	0.4
15	リトアニア	0.4
16	ラトビア	0.2
17	エストニア	0.2
18	キプロス	0.2
19	マルタ	0.1

（出所）IMF「World Economic Outlook Databases（2015年４月）」

60%以内とする、という二つの条件を維持することが、ユーロ加盟国には求められています。

しかし、経済環境によっては、加盟国間に大きな景況感格差が生じることもあります。たとえば、域内最大の経済大国であるドイツでは景気が過熱気味でインフレ圧力が高まっている一方で、経済規模が最も小さいマルタでは景気は低迷していたとします。ここで、ECBがドイツの経済状況にあわせて利上げを実施すれば、マルタにとっては景気の失速につながるかもしれません。景気の失速は税収の減少を招き、財政赤字が拡大するでしょう。万一、財政赤字が基準以上に拡大すれば、マルタは緊縮財政政策を求められる可能性があります。これを受け入れれば、景気にはさらに悪化の圧力が高まることになってしまいます。

リーマンショックを契機とした域内景気の失速は、まさにこうしたユーロ圏内が抱える矛盾を露呈させました。歴史的な規模の景気失速は、各国の財政状況を一気に悪化させました。税収減に加え、景気浮揚のために講じたさまざまな景気対策が歳出を拡大させたからです。なかでも、南欧諸国を中心とした景気回復力に乏しい国や、金融立国と化していたアイルランドでは、財政悪化に加え連鎖的なバブルの崩壊から急激な資金流出などに見舞われました。

◆ ギリシャ情勢をめぐる混乱

景気の悪化は政治の混乱につながります。ギリシャでは2009年に行われた総選挙の結果、与党が敗れ政権交代が起きました。新政府が財政状況を精査すると、財政赤字の規模はそれまでGDP比で４％程度と公表されていたものの、実際には13％程度に達していたことが判明しました。いわば粉飾決算です。これにより、ギリシャの財政に対する信用が失墜、ギリシャ国債は市場で暴落して金利が急騰し、２年債利回りは一時200％を超えました。そのような金利水準で国債を発行しても、利払費がかさんで財政悪化を加速させることは目にみえています。そこで、仕方なくEUやIMF、ECBがギリシャ救済のためのスキームを策定し、ギリシャは財政再建のために厳しい緊縮財政政策を行うかわりに、必要な資金を融資してもらうことになりました。ただし、厳しい緊縮財政政策の結果ギリシャ経済は冷え込み、失業率は20％を大きく超えました。若者に至っては、およそ二人に一人が失業しているともいわれるなど、非常に厳しい環境に追い込まれました。

その結果が2015年のギリシャ情勢をめぐる混乱です。景気の悪化に疲弊したギリシャ国民は、緊縮財政の棚上げを主張する野党（2015年1月総選挙当時）の主張に耳を傾け新政府が誕生したのです。しかし、ギリシャ新政府による緊縮財政放棄の主張が、貸し手側となるEUやIMFに聞き入れられるはずもなく、最終的には2015年7月に貸し手側の要求をほぼ全面的に受け入れるかたちで、ギリシャは新たな救済スキームのもとで、引き続き厳しい緊縮財政政策を余儀なくされています。

◈ 加盟国間の実力差によるユーロ価値の乖離

この問題は、ギリシャ政府による“粉飾決算”や放漫財政に原因があったことはもちろんです。しかし、そもそもユーロを導入している半分以上の国にとって、ユーロの価値が高すぎるということは大きな問題です。ユーロの価値が、加盟国の実力の平均値であると考えれば、たとえば経済大国のドイツにとってはユーロの価値は実力以下で安すぎるといえるでしょう。一方、ギリシャなどにとってはユーロの価値は実力以上に高すぎると考えられます。通貨価値が安すぎると海外から入ってくる輸入品の価格が高くなり、インフレを押し上げるリスクがある一方で、海外への輸出価格を押し下げることができるので輸出にとってはプラス要因です。したがって、ドイツのように経済規模が大きく、輸出競争力も高い国では恩恵が大きいといえます。一方、通貨価値が高すぎると海外から入ってくる輸入品の価格が下がり、インフレリスクが軽減する一方で、海外への輸出価格を押し上げることから輸出にとっては不利となります。ギリシャなどのような国では、安価な輸入品に対する需要が高まる（輸入の拡大）一方で、輸出品（たとえば観光収入）の競争力は落ちました。実際、ユーロ導入以降、ドイツでは経常黒字がほぼ一方的に拡大する一方で、ギリシャなどでは経常赤字が急速に拡大しました。

このように、経済格差が大きい国同士が、通貨と金融政策だけを統一することは、域内の経済規模を拡大させ相互に発展する可能性はあるものの、現実的には矛盾の拡大を生じさせている側面が大きいといえます。ECBの金融政策は、どうしても経済大国であり域内景気への影響も大きいドイツに偏りがちといわれますが、こうした矛盾をできるだけ拡大させないように、今後も慎重な舵取りを迫られることになるでしょう。

4 RBA（オーストラリア）の金融政策

◆ 金融政策の特徴＝インフレターゲティング政策の採用

RBA（アールビーエー：Reserve Bank of Australia：オーストラリア準備銀行）は、オーストラリアの中央銀行です（図表５－６）。

金融政策は準備銀行理事会が行います。準備銀行理事会のメンバーは、総裁、副総裁、財務次官の３名の理事と、その他６名の計９名で構成されています。金融政策を決める決定会合は、１月を除く毎月第一火曜日に実施されます。結果は、会合終了後に直ちに声明文として発表されます。声明文では、決定事項に加え、

図表５－６　オーストラリア政策金利の推移

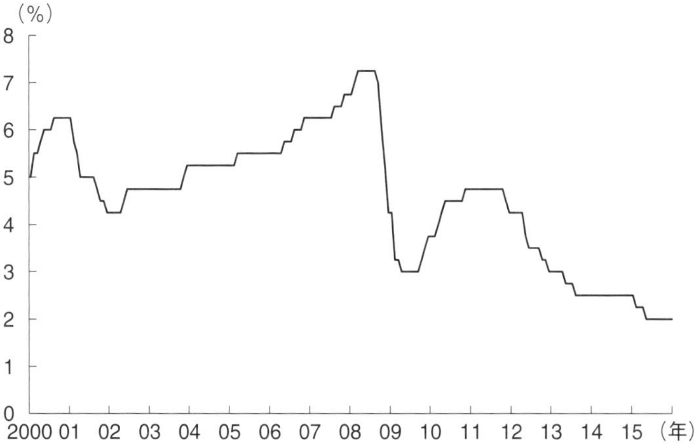

（出所）RBA

オーストラリア経済を取り巻く環境に対する評価、インフレに対する評価などが記述されています。また、オーストラリアが資源輸出のウェイトが高い資源国であることもあり、国際商品市況や為替相場に対する言及がしばしばみられることが特徴です。

RBAの金融政策の特徴は、比較的厳格なインフレターゲティング政策を採用していることです。インフレターゲティング政策とは、物価上昇率の目標を掲げ、実際の上昇率がその目標に近づく、ないしはとどまるように金融政策を行う方法です。RBAは、1993年にこの政策を導入し、中長期的に消費者物価上昇率が年率で２～３％の範囲内に収まることを一義的な金融政策の目標として定めています。

インフレターゲティング政策は、30年代にスウェーデンの中央銀行であるリクスバンクが一時的に採用したことがありました。その後、1990年にニュージーランドが導入し、以降イギリスやカナダ、オーストラリアなどが相次いで導入しました。そのなかでも、オーストラリアはインフレターゲティング政策が経済パフォーマンスの向上に大きな効果をもたらした国の一つとされています。

◆ インフレターゲティングと資源価格の影響

豊富な資源と、その輸出に頼るオーストラリア経済は、資源価格に経済が大きく左右される側面があります。特に、インフレ率に関しては商品市況に連動する側面が強く、80年代の消費者物価上昇率は２～12％程度と変動が激しく、平均でも８％程度ときわめて高い状態にありました（図表５－７）。かつてのRBAの金融政策目標は、通貨の安定、最大雇用の維持、経済の繁栄といった

図表5－7　オーストラリア消費者物価の推移（前年比）

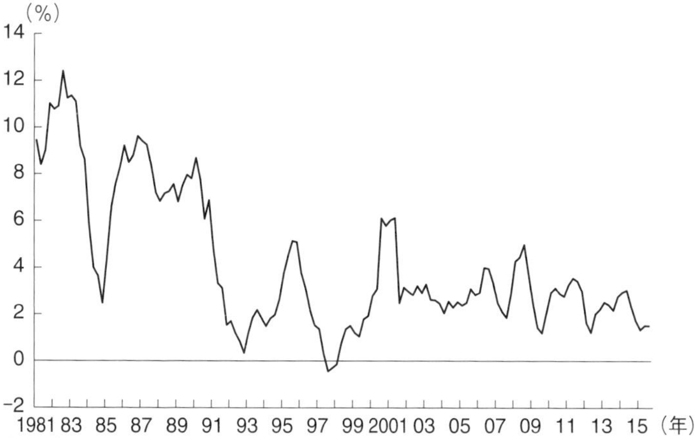

（出所）　オーストラリア統計局

抽象的なもので、インフレへの対応が遅れることもありました。その結果、①インフレが加速することで利上げを行うものの、後手に回ることでインフレ抑制が遅れ、最終的には金利を引き上げすぎて景気が失速する、②インフレへの対応に手間取ることで、景気回復のための利下げのタイミングが遅れ、結果として景気回復自体が遅くなる、ことを繰り返してきました。このため、経済パフォーマンスも安定せず、前年対比でみた実質GDP成長率はマイナス4～プラス8％まで、大きな変動を繰り返していました。

しかし、1993年にインフレ率を2～3％の範囲に抑えることを主眼としたインフレターゲティング政策へ移行してからは、消費者物価上昇率は0～プラス6％[43]、平均で3％弱と低水準への誘

43　2000年にインフレ率が6％前後まで上昇しましたが、これはオーストラリアが初めて消費税を導入したことによる影響が大きいです。

導に成功したうえ安定感も増しました。一方で、前年対比でみた実質GDP成長率はプラス1～6％、平均で3％程度となり、こちらも安定感が一気に増しました。特筆すべきは、インフレターゲティング政策に移行してから、実質GDP成長率が一度も前年水準を割り込んだことがないということです（図表5－8）。

1993年以降は、アジア通貨危機（1997年）、ITバブル崩壊（2000年）、リーマンショック（2008年）と、立て続けに世界経済にショックが訪れました。こうした世界的に資源需要が大きく落ち込むような危機を、マイナス成長を回避して乗り切ることができた背景の一つとして、インフレを抑制してきたことで機動的な金融政策が可能になったことがあげられます。

すなわち、①インフレターゲティング政策の導入と、実際にRBAがこれを比較的厳格に守ったことでインフレ率が鈍化、国

図表5－8　オーストラリア実質GDPの推移（前年比）

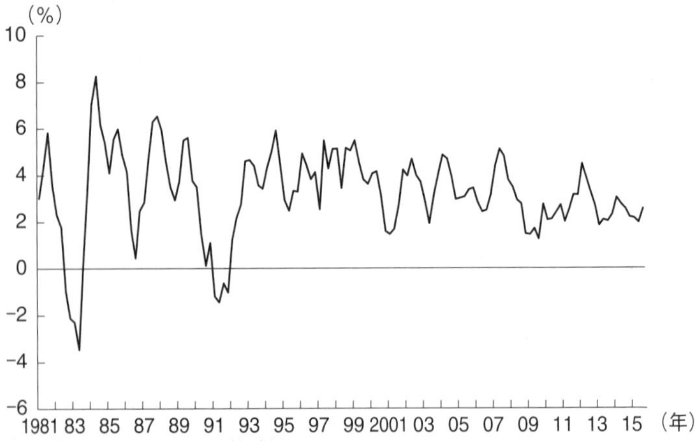

（出所）オーストラリア統計局

内のインフレ期待も沈静化した、②インフレ率が落ち着いたことで、景気に減速圧力が高まった際に早めに利下げなどを行い、景気の行き過ぎた悪化を防ぐことができた、③景気の行き過ぎた悪化を回避できたことで、景気が回復に転じた局面で金利を早めに適切な水準に引き上げることが可能となった、④金利を早めに引き上げることで、景気の過熱とインフレの加速を予防できた、という好循環が働いたと考えられます。

このように、インフレターゲティング政策はオーストラリア経済のパフォーマンスを大幅に向上させることに大きく貢献したと考えられます。一方で、資源国であるがゆえに、インフレターゲティング政策がうまく機能しない余地も残ります。基本的に、オーストラリアのインフレ率は資源価格に連動しやすい傾向があります。資源価格が上昇傾向を強めているときは、世界の資源需要が強まっている場合が多く、オーストラリア経済も輸出に牽引されて好調な状態にあるでしょう。インフレ率は、資源価格の上昇によって高まる傾向にあるので、この場合金利水準を高めに誘導することが有効な政策となります。一方、世界経済が停滞して資源価格が下落している局面では、インフレも鈍化し、金利水準の引下げが妥当となります。仮に、資源価格の下落傾向が長期化すれば、金利もこれにあわせて低下基調が続くと考えられます。しかし、あまりに低下すれば輸出以外の分野を必要以上に刺激するリスクが出てきます。たとえば、金利に敏感に反応する分野として、住宅市場があげられます。実際、2011年以降の利下げ局面では、資源価格の下落基調が続いたことでインフレ率も鈍化傾向をたどり、基幹産業といえる鉱業を取り巻く環境も悪化しており、段階的な利下げが正当化される環境です。しかし、金利の引下げにより実質政策金利はほぼゼロとなるなかで、住宅市場では需要が拡大し続け、住宅価格の上昇ペースも加速傾向をたどりつつあります。つまり、住宅バブルの兆候が見え始めているのです。

オーストラリアがインフレターゲティング政策を導入した90年代以降は、中国経済の台頭によって世界の資源需要は一本調子に拡大してきました。このため、資源価格の低迷が長期化することもありませんでした。現行の金融政策では、このような外部要因による低インフレの長期化にうまく対応できるかどうかは不透明です。その意味で、オーストラリアの金融政策にはまだ課題もあるといえるでしょう。

第6章

あの国の景気は？
国別に異なる重要指標

ここまでさまざまな経済指標を取り上げてきましたが、世界にはさまざまな国があり、産業構成や経済の特徴はそれぞれ異なります。もちろん、先進国や新興国では大きな違いがあります。当然、そうした特徴によって、国ごとに重視すべき経済指標も異なってきます。ここでは、国別にどのような経済指標に注目すべきかみていきます。

1 米　国

◆ 個人消費と雇用

米国経済の牽引車は個人消費です。GDPに占める最大項目は大半の国で個人消費なので、消費の動向はどこの国でも重要ですが、米国の場合は特にその牽引力が強く重要視されています。また、米国経済自体が世界経済の牽引車であるという事実はいまだに変わらず、世界経済をも左右するのが米国の個人消費といえます。

一般的に、消費を決定づける最も大きな要素は所得です。所得が増えれば消費も増え、所得が減れば消費も減る傾向にあります。では、所得は何によって決まるかといえば雇用環境です。雇用が拡大すれば、国全体でみた個人所得も拡大します。また、雇用拡大が広がり、労働需給が引き締まってくると人手不足感が強まって賃金が上昇し始めますが、これも個人所得の押上げ要因となります。

雇用の拡大のためには、企業業績の改善が条件となるでしょう。売上げが増加し、収益が改善するようになると、企業は雇用を拡大し始めます。企業の売上げは、大きく分けると海外からの売上げと、国内からの売上げに分けることができます。このうち、国内からの売上げは基本的に国内の個人消費によって左右されます。しかし、個人消費の回復には雇用の回復による収入の増加が必要となりますから、企業の売上げ回復には大きな効果を発揮しないはずです。

そうなると、企業の売上げ回復を海外に頼ることになります。つまり輸出です。もちろん、政府は景気改善のためにさまざまな景気対策を行うでしょう。需要拡大効果として即効性が高いのは公共投資などですが、景気全体を押し上げるにはかなりの規模が必要です。消費を直接刺激する政策としては減税などが考えられます。これも、多少は消費拡大につながるでしょうが、効果は一時的にとどまることが多いようです。

◆ 家計の資産構成における特徴

こうした状況に陥るのはどの国も同じです。しかし、国によって支出に対する考え方には差があります。国民性の違いといえばそれまでですが、比較的積極的に消費をする傾向のある国もあれば、支出に対して慎重さが目立つ国もあります。イメージとしては、前者のように消費に楽観的な国が米国、後者のように慎重な国が日本とみる人は多いでしょう。しかし、たとえば米国と日本では、景気が回復に転じていく局面で消費に与える影響面で大きな違いが生じやすい点があります。それは、それぞれの国の家計の資産構成にあります。

日本の家計の資産構成は、現金および預金が50%を超えているのが特徴です。一方で、価格変動の大きなリスク性資産は少なく、株式・出資金は約10%、投資信託は約５%にとどまっています。

景気が悪化から改善に向かう局面での市場の動きを考えると、①景気減速懸念が高まると株価は下落、②景気減速が強まることで金利が低下、③政府が景気対策、中央銀行が金融緩和などを実施することで景気回復期待が生じると株価が上昇、といった経路をたどります。

日本のように、現金や銀行預金の保有割合が高いと、景気悪化で金利が低下する局面で利息収入が減少する一方で、株価が上昇に転じてもその恩恵は（全体としてみれば）あまり大きくはありません。

これに対し、米国家計が保有する資産構成をみると、日本では半分以上を占めている現金や預金の割合は10％強にとどまり、かわりに株式・出資金が約35％、投資信託が約13％で、両者をあわせると50％近くに達しています（図表6－1）。つまり、日本とは資産構成が対照的となっています。このような資産構成の場合、景気悪化によって金利が低下する局面においても、日本とは異な

図表6－1　日米家計の保有金融資産状況

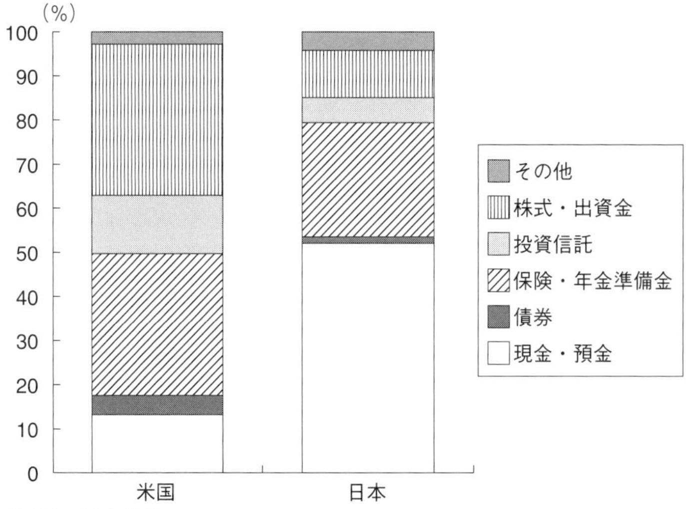

（出所）　日本銀行、FBR

り、利息収入の減少による影響をあまり受けません。一方で、株価が景気に先んじて低金利を背景に上昇に転じると、大きな資産効果が生まれやすくなります。

こうした資産構成の差は、景気が底入れから持ち直しに転じる際の消費エネルギーのギャップとして顕著に現れます。米国では、金利低下によって株価が上昇に転じ始めた段階で、資産効果による消費押上げ力が働き始めます。これにより、企業の売上げが回復し、軌道に乗り始めると雇用の回復へとつながっていきます。雇用回復による所得の持ち直しは、株高に頼った不安定な消費を、収入増加を伴う、より着実な消費押上げへと変えていきます。つまり、景気に遅行して回復する性質のある雇用に頼らずに、消費自体が景気の牽引車となっていくのです。これに対し、日本のような資産構成では株高の効果を家計が受けにくいので、消費は所得環境が回復するまでなかなか回復しません。したがって、どうしても外需が回復して輸出企業の業績回復を待つことになりがちです。

◆ 景況感の把握が重要

このように考えると、米国経済を左右する大きな力は、実は株価ということになります。もちろん、株価が上昇すれば米国景気が必ずよくなるというわけではありません。株価の上昇が消費拡大を促すためには、資産効果などを通じて消費者の景況感が改善し、財布の紐を緩める必要があります。したがって、消費者の景況感を示す消費者信頼感指数の動向も重要になります。特に、先行きに対する期待感を表す期待指数が改善傾向をたどるかどうかが、消費拡大につながる最初のシグナルとなるでしょう。それが実際の消費押上げにつながっているかどうかは、小売売上高や個人消費統計で確認できます。

一方、景気の悪化による金利の低下は、米国に限らず消費者や企業の資金需要を刺激します。特に、長期金利の低下は住宅ローンなどの長期間にわたる資金の借入れを有利にします。この効果が顕著に表れるのが住宅ローンです。米国では、週次統計でモーゲージローン（住宅ローン）に関する統計が発表されています（図表6－2）。このうち、特に注目したいのは購入用住宅ローン件数統計で、指数化されたデータが発表されています。購入目的での住宅ローン申請が増えれば、それはやがて住宅販売の拡大につながります。

過去の推移をみると、金利との逆相関（金利が低下すれば指数が上昇し、金利が上昇すれば指数は低下する）が確認されます。もっとも、金利の低下が不十分であったりすでに重い債務を抱えて

図表6－2　米住宅ローン申請動向（週次）

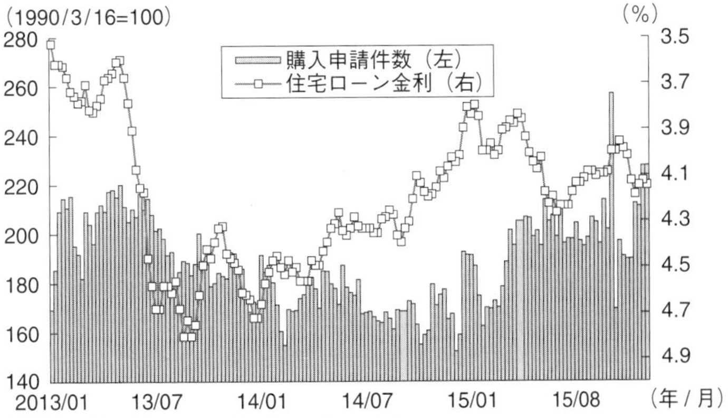

（出所）The Mortgage Bankers Association

いたり、消費者の将来不安が強ければ住宅ローン需要は盛り上がりません。したがって、金利が低下傾向をたどり始めたら、モーゲージローン（住宅ローン）金利の動向や、購入用住宅ローン申請件数の動向をチェックすることで、景気回復の兆候をつかむことができます。

米国経済が本格的な回復局面に入ったかどうかを見極めるには、株高による資産効果や、低金利による借入需要の拡大が個人消費を押し上げる局面から、所得の増加が消費を押し上げる局面へと移行したことを確認する必要があります。米国家計の所得動向を表す経済指標は、毎月下旬に発表される個人所得・支出統計です。個人の所得の内容と支出の内容、貯蓄の動向などが発表されており、GDP統計の個人消費に直結します。多くの項目が発表されますが、所得面に絞るのであれば、個人の収入から税金を除いた可処分所得の動向をチェックするのがいいでしょう。もっとも、個人所得を左右するのは雇用ですから、市場が最も注目する雇用統計の把握で所得の動向はイメージできるかと思います。

◆ 景気減速局面のパターン

景気が減速に転じる局面は、いろいろなパターンがあります。最もノーマルなのは、金利の上昇によるものです。金利が上昇していくと、やがて資金需要が減少していきます。企業の設備投資や個人の住宅投資などのローンのほか、借入れによる運用需要も低下します。設備投資や住宅投資、あるいは自動車消費などの減少は、そのまま経済成長率の低下要因となります。一方、株価の下落は逆資産効果（資産価値が減少することによる消費抑制効果）や消費者の景況感の悪化を通じて、消費減速圧力を高めます。消費の減速が強まれば企業業績が悪化します。これにより雇用が減少していくと、収入の悪化により個人消費は本格的な調整に転じて景気は失速、後退局面（不況）に突入します。

こうした景気悪化パターンのほかに、外部環境の突然の悪化などでも景気がいったん失速することがあります。このパターンでは、たとえば海外経済がなんらかの原因で失速することによって、実需面では輸出の減少が成長率を押し下げます。米国経済が消費主導による自律的な回復局面に移行していれば、輸出悪化にも耐えられる余地があります。しかし、このような局面ではたいていの場合、市場が混乱に陥っていることが多く、米国でも株価の急落によって消費が悪影響を受け、内需の減速によって輸出の減少に耐えられなくなることがあります。リセッション（景気後退：２四半期連続でマイナス成長に陥ると、リセッション入りしたと判断される）にまで至ることはまれですが、不安定な状況が続くことはあります。

このように、景気が減速に転じる局面でカギを握るのも、景気が回復に転じる局面と同じように金利の変動や株価の変動による資金需要の変化や消費者の景況感の変化です。米国経済の特徴として、家計による株式などのリスク性資産の保有割合が高いからこそ、個人消費がダイナミックに動き、景気全体を大きく揺り動かす点があげられます。

◆ 速報性からみえる雇用と消費の重要性

ちなみに、経済統計のなかで、景況感統計のように集計がすみやかに行えるアンケート調査や自動車販売などの限られた業界のデータを除き、最も早く発表される統計がその国のなかで最も重要視されている統計であることが多い傾向にあります。経済全体への影響度が大きいために、政策当局がいち早く入手したいからではないかと考えられます。

米国の場合、実態統計では雇用統計が最も早く発表される統計です。消費関連統計である小売売上高も早めに発表される統計です。こうしたことからも、米国経済における雇用や消費の重要度がわかります（図表6－3）。

図表6－3　米国の主な経済指標発表時期

上旬	第一営業日	ISM製造業景況指数（前月分）
		自動車販売台数（前月分）
	第三営業日	ISM非製造業景況指数（前月分）
	金曜日	雇用統計（前月分）
		貿易収支（前々月分）
中旬	第二金曜日	ミシガン大消費者センチメント速報値（当月分）
		小売売上高（前月分） 財政収支（前月分） 鉱工業生産（前月分） 生産者物価（前月分） 消費者物価（前月分） NY連銀景況指数（当月分） 住宅着工（前月分） 景気先行指数（前月分） フィラデルフィア連銀景況指数（当月分）
下旬		中古住宅販売（前月分） 新築住宅販売（前月分） 住宅価格指数（前々月分）
	前四半期翌月	GDP速報値（前期分）
		耐久財受注（前月分） 消費者信頼感指数（当月分） 個人所得・支出（前月分）
	最終営業日	シカゴ地区景況指数（当月分）

（出所）筆者作成

2 日　本

◆ 外需による景気変動

先ほどの米国の項を読んでいただければわかるように、日本では景気の牽引車として個人消費にはあまり期待はできない構造です。戦後の日本経済の牽引車は輸出である一方、個人消費は比較的安定した推移をする傾向にありました。しかし、デフレに突入し、人口減少・高齢化の進展もあって、日本国内の需要は徐々に減衰してきました。これにより、日本経済の振幅を決定する度合いは、ますます外需に偏ってきたといえます。日本のGDPに占める輸出の割合は他国と比べて決して高いほうではなく、輸出依存度が高い国とはいえません。しかし、景気に先導して動く傾向のある株式などの資産の保有割合が高くない日本の家計の収入は、景気に遅行する雇用・所得環境に頼るところが大きく、必然的に外需の回復による企業業績の改善を待つ必要があるのです。

したがって、日本経済の景気の変動を見極めるうえでは、輸出動向を左右する海外経済、なかでも米国や中国の動向に加え、為替レート（ドル／円相場）も見逃すことができません。輸出といっても、国内経済全体への効果を測るうえでは、輸出金額ではなく、輸出数量の増減をチェックする必要があります（詳細は第3章4「輸出数量指数」を参照してください）。輸出数量が回復しないと、直接的には輸出を行っていない部品メーカーや中小企業へ効果は染みわたりません。輸出数量の回復は、生産活動の回復に直結します。したがって、景気に一致して動く景気一致指標の代表的な経済指標である鉱工業生産は、市場も注目する大変重要な経済指標です。

もちろん、日本のGDPに占める最大項目は、米国などと同様に個人消費です。個人消費の回復がなければ、景気の本格的な回復は見込みがたいといえます。その意味で、個人の所得や支出動向を網羅している家計調査統計（毎月月末に前月分が発表）も確認する必要はあるでしょう（図表6－4）。あるいは家計調査統計とほぼ同時期に発表され、消費の動向に特化した商業動態統計のなかの小売業販売額も参考になります。これらの数字が良好なものとなれば、景気の回復はより安定的なものになっていると判断していいでしょう。

ちなみに、日本の実態経済統計のなかで発表時期が早いのは貿

図表6－4　日本の消費動向（前年比）

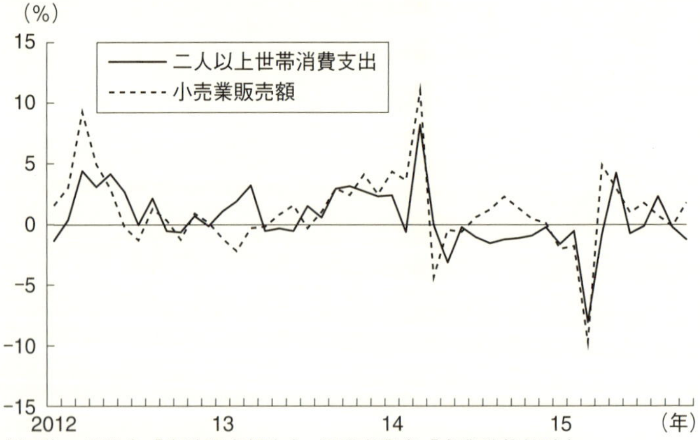

（出所）総務省「家計調査報告」、経済産業省「商業動態統計」

図表6－5　日本の主な経済指標発表時期

上旬	第一営業日	新車販売台数（前月分）
		日銀短観（前月調査分・四半期）
		景気動向指数（前々月分） 国際収支（前々月分） 景気ウォッチャー調査（前月分） 貿易統計（前月上中旬分）
中旬		企業物価（前月分） 消費動向調査（前月分） 機械受注（前々月分） 貿易統計（前月分）
下旬		家計調査（前月分） 鉱工業生産（前月分） 商業販売統計（前月分） 消費者物価（前月分） 労働力調査（前月分） 住宅着工（前月分） 毎月勤労統計（前月分） 貿易統計（当月上旬分）
	前々月四半期	GDP一次速報（前期分）

（出所）　筆者作成

易統計です（図表6－5）。しかも、同月末までには上旬分、翌月上旬には上中旬分が発表されるという、他の統計にはない細やかな発表形態となっています。戦前戦後を通じて、日本は海外との貿易で国を発展させてきた側面が非常に大きいですが、こうした点からもいかに日本経済にとって輸出（外需）が重要かということがわかります。

◆ アベノミクスとデフレ脱却

ところで、日本経済の最大の問題はデフレです。したがって、どうしても物価の動向には注目が集まります。消費者物価統計のうち、日銀が参考としている生鮮食料品を除くコア物価や、国内景気から生じる物価上昇圧力を測るうえでは最も適していると考えられる食料品とエネルギーを除くベースの物価（欧米型コア、あるいはコアコア）の前年対比上昇率は、常に内外の注目を集めています（図表6－6）。もちろん、日本政府も経済政策運営のうえで非常に注目しています。日本政府は、食料品とエネルギーを除いたベースの物価を重視するとしています。

2012年末の政権交代以降、いわゆるアベノミクスは日本経済の再生を目的としていますが、そのためにはまずデフレからの脱却が必要として、これを最重点課題としています。“三本の矢”で構成されているアベノミクスのうちの第一の矢「日銀による大胆な金融緩和」は、デフレ脱却に焦点を絞ったものです。では、アベノミクスによるデフレ脱却スキームとはどんなものなのでしょ

図表6－6　日本のGDPギャップと潜在成長率の推移

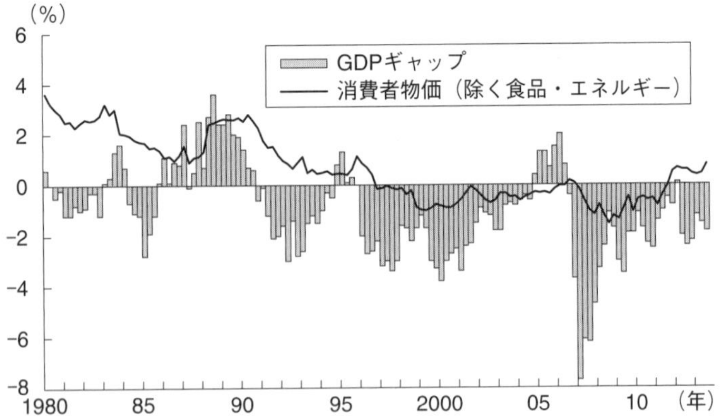

（注）消費者物価は消費増税の影響を除く。
（出所）内閣府「GDPギャップと潜在成長率」

うか。

デフレとは、物価が継続的に下落していく現象を指します。逆に、物価が継続的に上昇してくことをインフレと呼びます。日本は、1997年の消費増税の後、1998年から物価が下落基調をたどるようになりました。この頃からデフレに陥ったと考えられています。物価は需要と供給のバランスで決まり、需要が供給に対して多ければ物価は上昇、すなわちインフレになり、逆に需要が供給に対して少なければ物価は下落、すなわちデフレになると考えられています。

◆ 需給バランスとは

わかりやすいように、野菜の値段で考えてみましょう。長雨などが続き、天候が不順だと作況は悪化します。「今年は天候不順で野菜が高騰」などのニュースが流れることがありますが、野菜の作況が悪く、例年よりも収穫高が少なければ野菜の値段は上昇します。すなわち、需要に対して十分に供給されないからです。逆に、天候がよい日が続き、作況がよいと収穫量も増え、値段は下がりやすくなります。「今年は作況がよく、野菜が安い」などのニュースがこれに当たります。つまり、需要に対して供給が多すぎるからです。物価全体の動きを考える場合には、経済全体の需要と供給のバランスを考えればいいわけです。需要と供給のバランスを“需給バランス”といいます。日本がデフレに陥ったのは、供給に対して需要が少ないという需給バランスの悪化のために起こっているのです。これを改善するには、大きく分けて二つの方法が考えられます。

◆ 需給バランスの改善方法＝供給を減らす

一つは、供給を減らすことです。供給量が多すぎることを解消するのです。そのためには、設備を廃棄するなどして、生産量を減らすようにすれば可能です。しかし、これはあまりいい案とはいえません。工場や機械設備を減らしたりすれば、そこで働いていた人も必要ではなくなります。そのために、失業が増え、消費の悪化を通じて景気は悪くなります。景気の悪化が悪い、というだけではありません。消費が減少するということは、需要が減るということです。需給を改善させるために供給量を減らした結果、さらに需要が落ち込むことでさらに需給は悪化します。これでは逃げ水のようにデフレ脱却は遠のき、その間に日本経済はどんどん冷え込んでしまいます。

デフレに陥った際になんら政策を打たないと、このような現象に陥りやすいと考えられます。需要の減少に直面すると、企業は収益性を改善させるために、需要にあわせて生産しようとします。そのためには、設備を減らすなどの対応が必要で、設備を減らすことで余った従業員を解雇するかもしれません。これが回り回ってくるとさらなる需要の悪化をもたらし、企業はさらに生産能力を落とすことを余儀なくされてしまいます。実は、デフレに陥って以降の日本は、デフレ脱却のための必要かつ十分な対応がとられてきたとは言いがたく、いま述べたような経路をたどってきました。ちなみに、このような現象を“縮小均衡”と呼びます。

◆ 需給バランスの改善方法＝需要を増やす

需給バランスの悪化を改善させるもう一つの方法が、需要を増やすことです。供給量を上回るほど需要が増えれば、需給が逼迫して物価が上昇、デフレから脱却できるはずです。需要が増えていく、ということは景気がよくなっていく、ということです。ですから、この方法でデフレから脱却するためには好景気を維持する必要があります。しかし、景気は循環的に動く性質があります。つまり、好景気と不況を繰り返すという性質です。景気がよくなれば、徐々に金利が上昇します。金利の上昇が行き過ぎれば、需要は徐々に減退して景気にブレーキがかかり始めます。もし、需要の減少によって企業が過剰な在庫（売れ残り）を抱え込めば、この解消のために生産活動に急ブレーキがかかり、景気は失速してしまいます。

これを避けるためには、きわめて慎重な景気判断と細やかな政策対応が求められます。景気がよくなっても簡単には金利が上昇しないようにする。そして万一景気に減速の兆候がみられたら、直ちに需要押上げのための景気対策を図ることが必要となります。

しかし、こうした理想とは裏腹に、1997年の消費増税後における政府や日銀の対応は十分なものであったとは決していえませんでした。政府は、財政事情の悪化を理由に、財政支出を伴うような景気対策には及び腰でした。バブル崩壊後の景気悪化時に行った巨額の公共投資が「ムダであった」と、世論から強く批判されたことも影響したと考えられます。一方、日銀は少しの景気の改善やインフレの上昇で、利上げ、あるいは金融緩和の解除を行ってしまいました。当時から「拙速な判断」「判断ミス」との見方も内外でありました。

それでも、2000年のITバブルから立ち直って以降は、日本経済は景気回復を維持し、戦後最長の景気拡大を実現しました。その結果、2008年には賃金上昇率が前年水準を上回り始めました。個人の所得環境が改善、つまり需要が増え始めたこともあり、消費者物価上昇率もついに前年水準を上回り始めたのです。しかし、同年秋に起きたリーマンショックによって、すべてが水泡に帰したのです。

このように、需要を増やして需給バランスを改善させるとはいっても、それは長期の景気拡大を維持することですから、非常にむずかしいといえます。少しの判断ミスが致命傷になりかねません。また、せっかくうまい対応を続けたとしても、外部要因で崩れてしまうこともあります。需要を増やすことで需給バランスを改善させ、デフレから脱却するという方法は理想的ではあるのですが、現実的ではないといえるでしょう。

◆ 通貨供給量の拡大による効果

そこで、アベノミクスは発想の転換ともいえる手段をとります。需給バランスを改善させるのを後回しにして、まずインフレを起こすという方法です。物価を上昇させるのに、需給バランスを改善させる以外の方法があります。それは通貨供給量を拡大させることです。

たとえば、１個100円のコップＡと、１個200円のコップＢがあるとします。もし、世の中にはこの二つのものしかなく、一方でお金は世の中に300円しかなければ、それぞれの値段はいまのままでです。しかし、お金だけが600円に増えたらどうなるでしょう。コップＡとコップＢの相対的な価値（つまりコップＢはコップＡの２倍の価値があるということ）が変わらないのであれば、コップＡの値段は200円に、コップＢの値段は400円にそれぞれ値上りすると考えられます。このように、通貨の供給量が増えればモノの値段は上がりやすくなるはずです。同時に、通貨の供給量が増えれば円安になり、円安になれば輸入価格が値上りするので、多くの資源を海外に頼る日本ではさまざまなモノの値段が上がります（たとえば、円安になると輸入小麦の値段が上昇するので、パンやパスタなどさまざまな食料品の値段が上昇する）。

この現象を、先ほどの天候と野菜の値段の例にたとえればこうなります。野菜を通貨という言葉に置き換えます。天候がよく、世の中に出回る通貨（野菜）の量が増えれば、通貨（野菜）の値段が下がります。“通貨の値段が下がる”というとよく意味がわからないかもしれませんが、これを“通貨の価値が下がる”と解せば、通貨の価値が下がる分だけモノの価値が上がる、すなわちモノの値段が上がる＝物価が上がるということになります。あるいは、通貨を“日本円”という言葉に置き換えれば、日本円が大量に供給されたので日本円の価格が下がった、すなわち円が安くなった＝円安になったということになります。

こうした考え方に基づいて行われる金融政策が量的緩和政策です。日銀の場合、大量の国債などを買い取り、それを通貨（日本円）で支払いました。つまり買い取った代金を支払っただけなのですが、これにより世の中に急激にお金が増えていきました。モノの値段を押し上げる効果には時間がある程度かかりますが、通貨の価値を下げる効果は即座に表れます。それがわかっているので、2012年末の総選挙で「日銀による大胆な金融緩和」を日本経済再生の第一の矢として掲げる自民党の勝利が確実視されると踏んだ為替市場では、実際の量的緩和政策が決まる前から円売りがふくらみ、急激な円安進展につながったのです。

さて、円安の進展は輸入物価を押し上げ、実際に日本の消費者物価は2013年からは前年水準を上回り始めました。しかしこれでは単に円安によって物価が上昇しただけで、デフレから脱却したとはいえません。なぜならば、物価の上昇によって人々の生活が苦しくなり、需要が落ち込んでしまえば需給バランスが悪化して、物価に新たな下落圧力が生じるからです。もとより、そのような政策はいつまでも世論の支持を集めることはできないでしょう。

そこで、物価が上昇しても需要（消費）が減退しないようにしなければいけません。消費（支出）を決めるのは、財布の中身と財布の紐です。中身が増えるか、紐が緩めば支出は増えます。政権交代したばかりの2013年は、まだ賃金は下落傾向（前年水準を下回る）にありました。つまり、財布の中身は減っていました。しかし、実際には消費は劇的に改善していきました。財布の中身が減っている状態で支出を増やすには、財布の紐を緩めるしかありません。2013年、消費者の財布の紐を緩めたのは、①政権交代による期待と、②円安や政権交代を背景にした株価の急騰、の二つであったと考えられます。実際、消費者の財布の紐の緩み具合を、日本の消費者景況感を示す消費者態度指数という統計で確認すると、2012年末以降急上昇していることがわかります（図表6－7）。特に、②の株高による効果が大きかったのではないかと考えられます。というのは、2013年の消費動向を日本百貨店協

図表6－7　消費者態度指数の推移

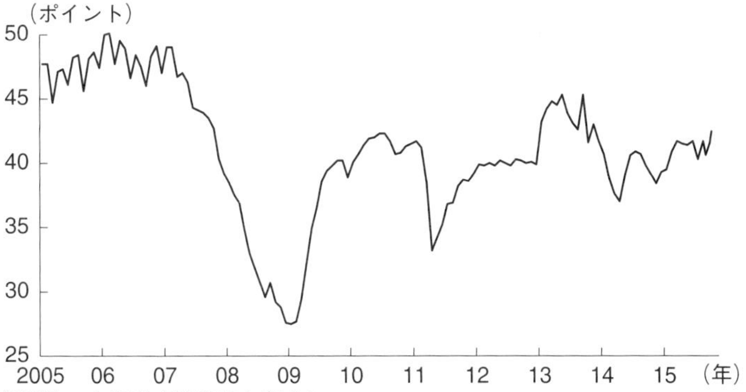

（出所）　内閣府「消費動向調査」

会が発表している百貨店売上高という統計で確認すると、北海道から九州までの各地域で「美術・宝飾・貴金属」の売上げが前年対比で20～30％も増加していました。こうした“高額品”は、株価が上昇すると売上げが増える傾向が強いのです。

いずれにせよ、2013年は財布の中身は減少していましたが、株高などによって人々の景況感が改善し、財布の紐が緩んだことで、物価は上昇しても支出の減少は回避できました。

翌2014年は、4月に消費税率の引上げがあり、これが物価上昇率を大きく押し上げました。不安定な株高の効果ばかりにも頼るわけにはいかないので、政府は早くから春闘での賃上げを企業に促してきました。実際、2014年の春闘では大企業を中心にベースアップなども決定され、賃金は前年水準を上回りました。つまり財布の中身の増加です。しかし、増税もあって物価の伸びは賃金の伸びをはるかに上回った結果、実質賃金（賃金の伸びから物価の伸びを引いたもの）は前年水準を大幅に下回ってしまいました

（図表６－８）。つまり、収入よりも生活コストのほうが高く伸びた結果、生活は苦しくなっていったのです。株価も増税の影響を懸念して不安定な推移が続き、消費者の景況感は低迷することとなりました。この結果消費者の財布の紐も締まり、増税以降日本の実質GDP成長率は２四半期連続でのマイナス成長を記録しました。

しかし、2015年の消費を取り巻く環境は再び改善に向かいます。政府による賃上げ要請は2015年春闘でも続き、賃金は２年連続での上昇を達成します。一方、物価の伸びは増税による価格押上げ効果が一巡したことに加え[44]、前年からの世界的な原油価格の急落もあって、伸び率が大幅に鈍化しています。この結果、賃

図表６－８　日本の実質賃金の推移（前年比）

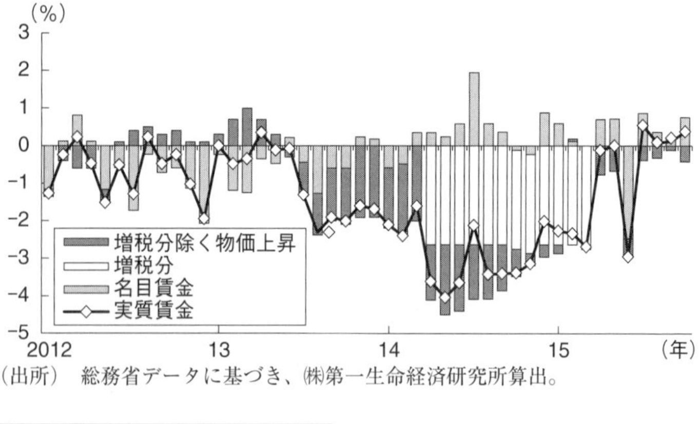

（出所）　総務省データに基づき、㈱第一生命経済研究所算出。

44　物価上昇率を前年同月比でみた場合です。１年前の同月と価格を比較するため、消費税率が引き上げられた2014年４月から１年を経過した2015年４月になると、比較対象の１年前の価格が新たな税率のものとなるので、増税による伸び率押上げ効果がなくなります。

金の伸びのほうが物価の伸びを上回り始めるようになりました。つまり、実質賃金の改善です。このことは、生活が楽になり始めていることを示唆しています。

生活コストを勘案しても財布の中身が増えているとなると、後は財布の紐の緩み具合次第で消費が決まります。つまり、増税によって冷え込んだ消費者の景況感を改善させることができれば、ついに“物価が上昇しても財布の中身は増えており、財布の紐も緩んでいるので需要が増加する”という状態に移行します。

◆ デフレ脱却の可能性

ここまでくると、デフレ脱却の可能性はかなり高まったとみなしていいでしょう。というのも、物価の上昇傾向が継続的になっていることで、人々のデフレ期待が払拭されつつあるからです。2015年度に入ると消費増税の影響が一巡したことに加え、原油価格の急落で物価の伸びが大幅に鈍化したと先ほど述べました。しかし、食料品とエネルギーを除いた、景気の基調から生じる物価動向に近いと考えられる欧米型コアベースの物価は、2013年半ば以降はおおむね0.5～1.0％の伸び率を保っています。つまり、物価の上昇基調が２年程度続いていることになります。消費者の先行きの物価見通しは、過去２年程度の物価の動向に左右される傾向があるといわれています。ということは、物価の基調に対する消費者の見通しは“上昇”に転じていると考えられます。

実は、この消費者の物価に対する見通しが、デフレをスパイラル的なものにしてきました。ほとんどの人は、できるならば安くモノを買いたいと考えるはずです。デフレの時代は物価が下落傾向をたどっているので、時間が経てばやがて値段は下がってくるはずです。ですから買控えが最も賢い買い物方法ということになります。企業からみると、なかなかモノが売れないので仕方なく値下げをすると売れるのです。売れるのはいいですが、値下げした分、利益が圧迫されているでしょう。それはコストを削減して改善を図る必要があります。最も手っ取り早いコスト削減は人件費です。そこで人件費を削ります。人件費の削減は、従業員にとっては収入の減少です。収入が減少して生活が苦しくなれば、いままで以上に安いモノを買おうとします。そのために、これまで以上に長く買控えをします。企業は値下げをすれば売れますが、利益が圧迫されるのでその分人件費を削り、それが生活を苦しくするので買控えを……こうしてモノの値段が下がり続けていきました。これをデフレスパイラルと呼びます。

しかし、物価が上昇基調に転じるとどうでしょう。物価は上昇しているので、時間が経てば経つほど値段は上昇するはずです。安くモノを買うためには、なるべく早く買う必要があります。賃金の伸びが物価の伸びを下回っていれば生活はやがて困窮してしまいますが、賃金の伸びが物価の伸びを上回っていれば、生活は苦しくなりません。したがって、物価は上昇するものとの考えが定着してくるにつれ、人々の消費行動は安く買うために徐々に積極的になっていくはずです。そうすると、企業は値段を下げなくてもモノが売れるので、予定どおりの利益を確保できるでしょう。それは人件費などに回されていくはずです。これは従業員の収入が増えることを意味し、生活はより安定し、楽になっていくでしょう。収入が伸びているので、人々はある程度の物価の上昇を完全に受け入れられるはずです。これでデフレから脱却、インフレが定着することになります。

◆ 人口減少による国内需要減少への対応

ただし、いったんデフレから脱却したとしても、しばらくすると再びデフレに陥るリスクはあります。それは、日本の人口が減少の一途をたどり始めているからです。人口が減少する分だけ、国内の需要は減少していくはずです。それにより需要が供給を下回れば、再び物価には下落圧力がかかり始めます。

これにはどう対処すればよいのでしょうか。GDPの概念で考えてみましょう。デフレに陥ると、経済規模は小さくなる圧力が生まれます。人口が減少すればなおさらです。実際、日本の名目GDPは1997年をピークに縮小し始めました。2000年代半ばには景気の長期拡大を受けてやや持ち直した局面もみられましたが、2008年のリーマンショックを機に再び縮小しました。

ここで、GDPを人口で分解してみます。すなわち［GDP＝人口×一人当りGDP］という数式にします（図表6－9）。すると、人口が減少すると、一人当りGDPが増えない限りGDPが減少してしまうことがわかります。つまり、日本では一人当りが生み出

図表6－9　人口減少とGDPの関係

GDPを人口で割ると…

$$\text{GDP} = \frac{\text{GDP}}{\text{人口}} \times \text{人口}$$

↓

一人当りGDP

GDP＝一人当りGDP×人口

人口が減るなら、一人当りGDPが増えないと、GDPは減少する。

（出所）　筆者作成

す付加価値（GDP）を増やし続けないと、経済規模が再び縮小していくことになるのです。この、「一人当りGDPをどのように増やしていくか」というのが、成長戦略にもつながっていきます。もちろん、人口減少を食い止める、あるいは少しでも緩やかなものにするための措置も議論されています。たとえば女性の労働参加を促す、あるいはそのためのさまざまな社会施設や社会制度の整備[45]、移民拡大の検討などです。しかし、少子化や女性の労働参加などは、個人のライフスタイルによって左右される部分もあり、どこまで効果を発揮するかは不透明な部分もあります。そこで、一人当りGDPの拡大に期待を寄せることになります。

一人当りの付加価値（GDP）を引き上げるといってもピンとこないかもしれません。そこで、一人当りの生産量を増やす、あるいは一人当りがもたらす利益を増やす、というふうに考えてみましょう。たとえば、生産現場では生産用の機械を最新のものに切り替えていけば、短時間により多くのモノがつくれるでしょう。一つの機械につく従業員数が同じであれば、一人当りの生産量が増えたことになります。したがって、企業に設備投資の更新を促すための税制改正やさまざまな優遇策、あるいは設備投資の資金を捻出するための法人税減税などは成長戦略に該当するといえます。一方、従業員のスキルが上がれば、一人当りの生産量が増えるような現場もあるでしょう。そのためには、スキルアップするための機会が必要です。たとえば、さまざまな分野における教育制度の充実で対応可能かもしれません。したがって、教育制度の充実も成長戦略といえます。

45　たとえば、男女ともに育児休暇取得の推進、託児施設の充実、教育負担の軽減などもこれに該当します。

このほか、発想を転換してより高いモノやサービスの提供にシフトする、というのも有効でしょう。10年前は革新的な商品であっても、最近は普及のスピードも速く、すぐに普遍的なモノになって陳腐化していきます。そうすると価格に下落圧力がかかり、最終的には人件費の安い海外でつくらざるをえなくなる、あるいは海外企業にシェアを奪われるというのはよくある話です。そこで、より高い技術を開発していくことが必要です。そのためには、研究・開発投資の推進、あるいはそのための税負担の軽減なども含めた促進策、大学などさまざまな研究機関の育成・助成金の拡充、研究者の育成のための教育の充実、新技術などの権利を保護するための制度整備などが必要になるでしょう。もちろん、これらも成長戦略ということになります。

アベノミクスでは、これらの成長戦略を第三の矢として、日本経済再生のための最重要でダメ押しの政策と位置づけています。2015年9月に、政府は経済成長の推進力として「新3本の矢（希望を生み出す強い経済＝GDP600兆円、夢を紡ぐ子育て支援＝出生率1.8%、安心につながる社会保障＝介護離職ゼロ）」を掲げました。これらは、日本経済再生手段というよりは目標ととらえられており、やはり再生手段としては成長戦略が重要です。一方で、これらの政策はすぐに成果に結びつかないという側面があります。また、成長戦略が掲げられていながらも、税制面での優遇措置や助成金などといった財政負担にかかわる部分の規模が小さい、有効活用するための制度整備、すなわち規制緩和が十分でない、あるいは進展していないといった批判的な意見も多くあります。本書の序章2「デフレ脱却下で求められる運用――長期運用が可能に」でも述べましたが、日本がデフレから脱却することは、日本国内での長期投資が有利になることにつながります。そういった観点から、成長戦略の成否は投資家、特に海外の長期投資家の関心が非常に高くなっています。日本では、景気を動かすさまざまな経済指標だけでなく、成長戦略をめぐる政治・政策の動向にも注目する必要があるといえるでしょう。

3 ユーロ圏

◆ ユーロ圏最大の経済国ドイツ

ユーロ諸国の経済の牽引車は、なんといっても域内最大の経済大国であるドイツです。したがって、景気という観点からはどうしてもドイツの経済指標に注目が集まります。一方で、ドイツ経済の特徴は、消費の爆発力が大きい“米国型”か、消費よりも外需牽引による生産活動の爆発力が大きい“日本型”のどちらに近いのかといえば、後者の“日本型”といえるでしょう。

ドイツは、もともと輸出依存度の高い国でしたが、統一通貨ユーロ導入後には依存度はますます高まっているといえます。マルクをユーロに変えたことにより、実質的には通貨価値が下落した結果、輸出製品の価格競争力が高まりました。また、その他のユーロ導入国に対しては、通貨変動リスクがなくなり、輸出環境が安定しました。加えて、ドイツ以外の国からみれば、品質の高いドイツ製品が安く買えるような状況になりました。こうしたことで、ユーロ域内向けの輸出もドイツの輸出押上げに貢献しました。これ以降、世界経済の変動による多少の振幅はありますが、趨勢的にはドイツの経常黒字は拡大の一途をたどっています（図表6－10）。

このような特徴をもつドイツ経済ですから、景気の変動を見極めるうえで重視されるのは、日本と同様に輸出環境の変化と、輸出の変化が国内の生産活動に結びついているかどうかという点で

図表6－10　ドイツの経常収支の推移

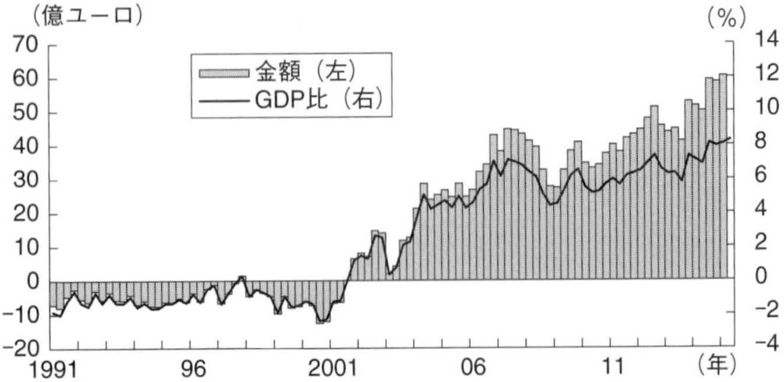

（注）　季節調整値。
（出所）　ドイツ連邦銀行

す。したがって、為替相場（ユーロが上昇しているのか、下落しているのか）、輸出、鉱工業生産指数を継続的にみていく必要があります。もっとも、ドイツの経済指標は比較的発表時期が遅いため（図表6－11）、いち早く雰囲気をつかむためには本書の第2章「プロも翻弄　市場が注目する経済指標」でも取り上げたifo景況指数などの、企業の景況感統計などで代替することも可能です。

◆ ドイツ以外の国の経済規模

ドイツ以外の国はどうかというと、株式市場ではそれぞれの国の景気や政治の動向が変動主因となりますが、為替市場における注目度はドイツに比べると格段に落ちるというのが実状です。経済規模（名目GDP）でみると、ドイツに次ぐのはフランス、イタリア、スペインとなります。このうち、ドイツの経済規模がユーロ圏全体の28.7%、2位のフランスが21.2%となっているので、両国あわせて49.9%とほぼ半分の規模になります。これにイタリ

図表6－11　ユーロ圏の主な経済指標発表時期

上旬		小売売上高（前々月分） 独鉱工業生産（前々月分） 生産者物価（前々月分）
中旬	 前々月四半期	独ZEW景況指数（当月分） 鉱工業生産（前々月分） GDP（前期分） 貿易統計（前々月分）
下旬		PMI指数（当月分） 独ifoZEW景気指数（当月分） 消費者物価速報値（当月分） 失業率（前月分）

アとスペインをあわせると、上位4カ国の経済規模はユーロ圏全体の76.4%と、実に4分の3を占めていることになります。したがって、これら4カ国の景気動向をみていれば、ユーロ圏全体の景気の流れをつかむことができるといえます。

しかし、なかでも上位2カ国で半分のウェイトを占めているわけですから、ざっくりとした景気の流れはドイツとフランスの経済指標をみることで十分可能といえるでしょう。フランス経済は、ドイツに比べると製造業のウェイトはやや小さく、かわりに農業やサービス業のウェイトが大きいのが特徴の一つです。特に、農業はEU最大の農業生産国という側面をもっています。一方で、製造業のウェイトはドイツに比べれば小さいものの、国際的にみて非常に高い競争力やブランド力をもつ企業が多く、決して製造業の影響度が小さいというわけではありません。総じてみれば、フランスも個人消費が景気に先んじて大きく伸びていき、景気全体を牽引していくタイプの国ではありません。したがって、ドイツと同じように、市場が注目する経済指標も生産活動やこれに関連する企業景況感の動向などとなっています。

◆ ECBによる金融政策の注目度

日本において、GDPの最大項目であるはずの個人消費に関する統計がそれほど市場で注目されないのは、消費の変動が米国ほど大きくはなく、景気変動の主因にはならない傾向があるためだと日本の項で述べましたが、同じ理由でユーロ圏内の消費関連の統計は、米国ほど市場の注目を集めることはあまりありません。

一方で、ECBの金融政策は市場への影響度という点においてはFRBと同等に高いものがあります。ユーロ圏全体でみれば、経済規模は米国に次ぐ２位で、中国をはるかに凌ぎます（図表６－12）。外国為替市場における通貨の取引高でも、ユーロは米ドルに次ぐ第２位です[46]。また、通貨同士の取引高では米ドル・ユーロの取引量が最も多く、全体の24％を占めています（ちなみに、第２位は米ドル・円の取引で、全体の18％を占めています）[47]。

図表６－12　世界の経済規模ランキング

順位	国名	名目GDP	占率
1	米国	17,419	22.5
※	ユーロ圏	13,437	17.4
2	中国	10,380	13.4
3	日本	4,616	6.0

（注）　名目GDPは十億米ドル、占率は％。2014年。
（出所）　IMF

46　全体を100％とした場合、米ドルの取引高は43％、ユーロは16％です。第３位は日本円で12％を占めています。
47　通貨取引のデータは、すべてBIS（国際決済銀行）による2013年４月１カ月間の１日平均データ。

したがって、金融政策の影響を強く受ける為替市場を中心に、ECBの金融政策は市場の関心も高いのです。

ECBの金融政策の詳細については、第5章「やはり重要　各国中央銀行の金融政策とクセ」のECBの金融政策の項で述べていますが、FRBや日銀に比べると物価に対してやや神経質なイメージがもたれています。物価上昇を容認しない姿勢が強い中央銀行、あるいは中央銀行のメンバーを“タカ派”と呼びます（逆に、物価よりも景気を重視する傾向にあることを“ハト派”と呼びます）。ECBは、FRBや日銀に比べると“タカ派寄り”とみる市場関係者が多いようです。その背景には、ECBが域内で最も物価に対して厳格とされているドイツの中央銀行（ブンデスバンク）を継承しているからだとされています。

タカ派寄りとみられている中央銀行の金融政策をみるうえでは、当然のことながら物価の動向をチェックする必要があります（図表6－13）。実際、日米に比べて統計の発表が遅めとなる傾向

図表6－13　ユーロ圏の消費者物価の推移（前年比）

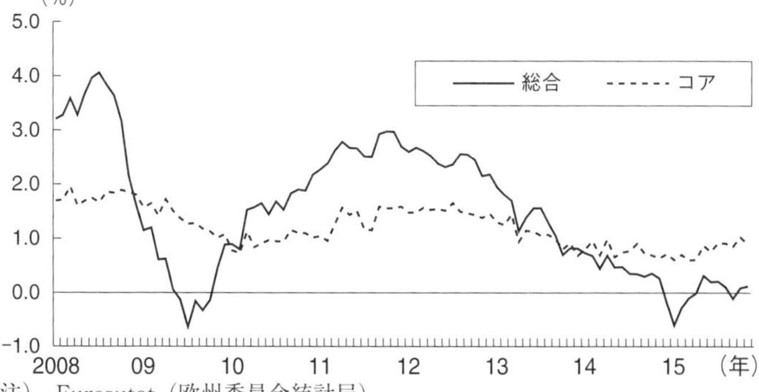

（注）　Eurosutat（欧州委員会統計局）

が強いユーロ圏でも、消費者物価については当月末までに速報が発表されています。物価の趨勢や金融政策への影響をみるうえでは、ユーロ圏の消費者物価統計はもとより、域内最大の経済規模を誇るドイツの消費者物価もチェックする必要があるでしょう。また、物価に影響を及ぼす指標も重要です。雇用や賃金の動き、為替相場や原油などの商品市況などです。

ユーロ圏に限らず、欧州では労働市場が硬直的であるということがよく指摘されます。雇用が硬直的であると、企業は収益動向に応じて柔軟にコストを変化させることがむずかしくなります。その結果、コストが上昇した場合に製品価格やサービス価格に転嫁する傾向が強まります。

社会民主主義が発祥した欧州では、日本や米国などと比べると、やや左派よりの政策が好まれる傾向にあります。自由主義、市場経済などは維持しながらも、社会保障を手厚くして、政府が強く介入して貧富の差の解消などに努める傾向があります。このため、たとえば企業が労働者を解雇することに対する規制も非常に強いことなどから、労働市場が硬直的とされているのです。一方で、こうした状況により新規の雇用がなかなか生まれにくいという弊害が出ています。業績が悪化しても、なかなか人を解雇できない、あるいは一度賃上げすると引下げがむずかしいとなれば、景気がよくなって従業員を増やす余裕ができても、企業はなかなか新規雇用に踏み切れなくなります。このため、多くの国で若者の失業率が相対的に高いという特徴があります。

このように、経済活動に直接国がかかわるような傾向は、国有企業が多い、あるいは公務員が多いといったかたちでも現れます。たとえばフランスでは、スタグフレーションに陥っていた経済立直しのために、80年代前半に企業の国有化をいったん進めました。こうした政策がうまくいかなかったので、80年代後半にはこれらの企業の民営化を進めましたが、株は完全には手放さず、株主として経営安定を図ろうとしてきました。

国の経済への関与が高いということは、財政面への負荷がかかりやすいというリスクをもちます。それが露呈したのがギリシャ危機で、財政改善のために多すぎる公務員、あるいは公務員の給料を削減することを迫られました。しかし、これはギリシャが特別なわけではありません。社会保障制度が充実している北欧諸国はもとより、ユーロ加盟国でもフランスやベルギー、ルクセンブルクでは、人口に対する公務員の数はギリシャよりも高い水準にあります。

これらは総じて欧州の構造問題として取り上げられることが多いのですが、先に述べたような硬直的な労働市場による高水準の失業問題や、コストがインフレに直結しやすい傾向、そして財政圧迫要因につながっているのです。したがって、欧州経済をみる場合は、こうした構造的な問題を頭の片隅に入れながらチェックする必要があるでしょう。

4 オーストラリア

◆ 中国への高い依存度

オーストラリアは、資源国という印象の強い国です。輸出相手先を国別にみると、全体の３割が中国向けということで、中国依存度が非常に高い国といえます（図表６－14）。したがって、オーストラリアの株価や為替相場は、中国の経済指標にも敏感に反応する傾向があります。

もっとも、オーストラリアの主要貿易相手国は時代とともに変遷してきたという歴史があります（図表６－15）。もともとオーストラリアは、18世紀頃から英国人の入植が始まり、19世紀には全

図表６－14　オーストラリアの地域別輸出比率（2014年）

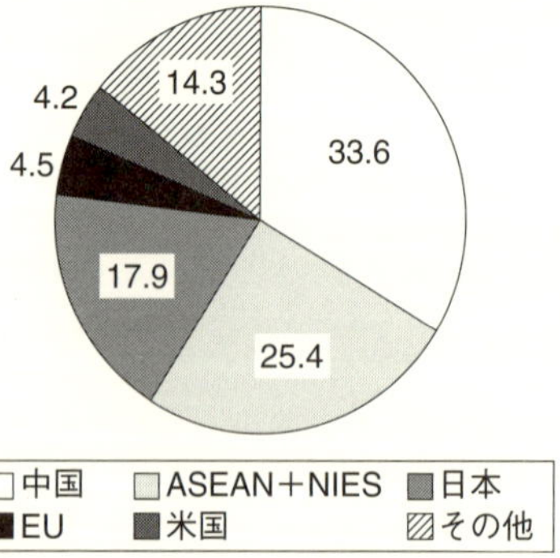

（出所）　Australian Bureau of Statistics（オーストラリア統計局）

図表6－15　オーストラリアの地域別輸出比率の推移

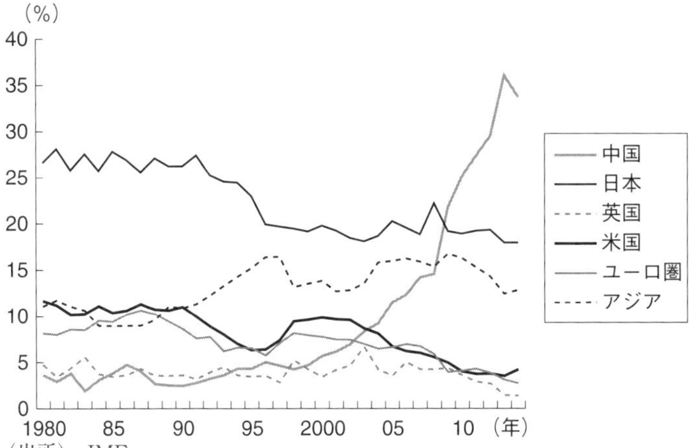

（出所）IMF

土が英国の植民地となりました。20世紀初頭には独立を果たしますが、英国との関係は深く、国旗の左上には英国の国旗であるユニオンジャックが描かれています。主要輸出先も60年代までは英国でした。しかし、英国がEC（欧州共同体）に加盟して大陸欧州との結びつきを強めていくに従い、貿易面での密な関係は徐々に薄らいでいきます。かわりに、オーストラリアは地理的に近いアジアとの結びつきを強め、なかでも当時アジア最大の経済大国であった日本との貿易が急拡大していきます。70年代に入ると、日本が輸出相手先のトップとなり、その関係は2009年頃まで維持されます。しかし2010年には中国が輸出相手先の第一位となり、その後はさらに比率が高まるようになったのです。

◆ 資源国としての特徴

資源国というのは、基本的には資源を輸出して稼いでいる国、という印象があります。たとえば、中東の石油産出国です。OPEC（石油輸出国機構）のなかで最も輸出依存度が高い国はUAE（アラブ首長国連邦）で、GDPに占める輸出の割合は91.4％に達します。それではオーストラリアの輸出依存度はどの程度かというと、実は16.4％にすぎません（図表6－16）。この比率は日本（15.2％）とあまり変わりません。ちなみに、同じような資源国と呼ばれている主な国の輸出依存度は、クウェートが60.7％、サウジアラビアが45.2％、南アフリカが26.4％、インドネシアが21.2％、ブラジルが10.2％となっており、オーストラリアは資源国のなかでも輸出依存度がかなり低いほうに入ります[48]。

とはいえ、資源国の宿命として、世界的な資源需要や資源価格の動きに経済が影響を受けやすいという傾向はあります。第5章「やはり重要　各国中央銀行の金融政策とクセ」のRBA（オーストラリア準備銀行）の項でも触れましたが、オーストラリアの物価動向は国際商品市況の動きにほぼ連動します。資源需要や資源価格の動向次第で、基幹産業である鉱業の業績も大きく左右されます。景気を牽引するのは、日本やドイツと同様に外需（輸出）であるといえます。しかし、輸出依存度自体は高くはないということは、内需の動きも無視はできないということになります。

48　数字はいずれも2014年。出所はUNCTAD（国連貿易開発会議）。

図表6－16　国別輸出依存度（GDP比）ランキング

輸出依存度上位20国			その他主な国の輸出依存度		
順位	国名	GDP比	順位	国名	GDP比
1	香港	179.9	25	タイ	55.4
2	シンガポール	145.2	37	サウジアラビア	45.2
3	アラブ首長国連邦	91.4	41	韓国	43.9
4	赤道ギニア	85.7	50	ドイツ	38.7
5	スロバキア	83.4	76	メキシコ	31.1
6	ベトナム	80.4	90	カナダ	26.8
7	ブルネイ	77.9	91	ロシア	26.7
8	ハンガリー	72.9	92	南アフリカ	26.4
9	チェコ	71.4	110	中国	22.3
10	マレーシア	70.4	115	インドネシア	21.2
11	オランダ	66.0	117	トルコ	21.1
12	オマーン	65.9	119	ニュージーランド	20.8
13	リトアニア	65.5	121	フランス	20.4
14	バーレーン	63.2	136	フィリピン	16.8
15	カタール	63.0	137	英国	16.5
16	スロベニア	62.1	139	オーストラリア	16.4
17	ベルギー	61.0	141	インド	16.1
18	クウェート	60.7	144	日本	15.2
19	コンゴ共和国	59.6	165	ブラジル	10.2
20	台湾	58.8	169	米国	9.3

（出所）IMF

◆ 経済動向を見極めるためのポイント

以上のことから、オーストラリア経済の動向を見極めるうえでは、どうしても景気を左右する輸出の動向、および主要輸出相手先である中国の経済指標に目が行きがちです。また、資源価格の動向にも関心が向かいます。資源価格が上昇傾向をたどれば景気にはプラス、資源価格が下落傾向に転じれば景気にはマイナスになります。資源価格といってもさまざまなものがありますが、国際商品市況の指数としてよくみられているCRB指数をみておけば十分でしょう。なお、オーストラリアの主要輸出品は鉄鉱石や石炭ですが、これらの価格は市場を通さず相対取引で決定するものなので、市場価格というものが存在しません。ただし、これらの価格も基本的には世界的な需給で決まるため、大まかにみれば国際商品市況にほぼ連動した動きをすると考えていいでしょう。

なお、このような資源価格と景気との関係は、日本のように資源を海外からの輸入に頼り、それらを利用して経済活動している国においては、資源価格の上昇は景気にマイナス、下落はプラスということになりますから、影響が逆になるといえます。

これらの指標は、オーストラリア経済の動きを読むうえで非常に重要なチェック項目ということになりますが、先ほど述べたようにオーストラリアは決して輸出依存度が高い国とはいえないので、国内の経済指標もチェックしていく必要があります。

オーストラリアドルの動向を見極めるという観点では、やはり最も重要なのは金融政策の動向です。第５章「やはり重要　各国中央銀行の金融政策とクセ」のRBA（オーストラリア準備銀行）の項でも触れましたが、オーストラリアの中央銀行はインフレターゲティング政策を導入していることから、消費者物価の動きは大変重要です（図表６－17）。ただし、オーストラリアの消費者物価統計は、四半期に一度しか発表されません。発表は、翌四半期の最初の月の下旬となり、手に入るタイミングが非常に遅くなります。そこで活用したいのが、国際商品市況の動きです。オーストラリアでは物価の動きも資源価格の影響を強く受ける傾向に

図表6－17　オーストラリア物価とCRB指数の推移

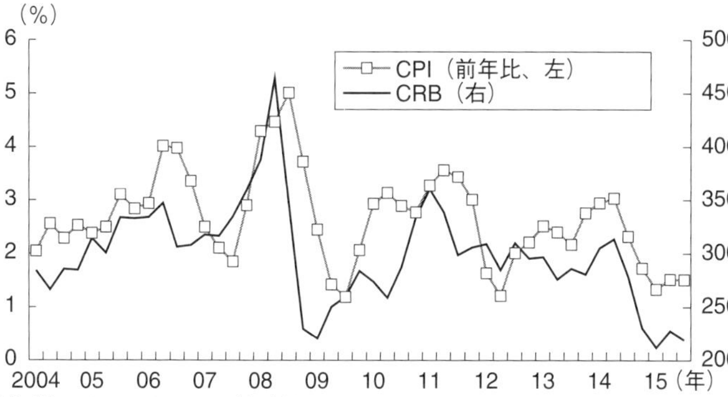

（出所）オーストラリア統計局、Bloomberg

あるので、この点でも国際商品市況の値動きが重要なポイントとなります。

そのほかのオーストラリアの内需関連の統計として、最近では特に住宅関連指標の注目が高まっています。資源価格の低迷を背景にした低インフレ、中国経済の回復の遅れによる輸出の伸び悩みを背景に、オーストラリアでは金利が段階的に低下し、実質政策金利はゼロ近傍で推移するなど、超低金利が長期化しています。これに加えて、中国などからの不動産需要の高まりもあって、住宅価格の上昇傾向が強まりつつあります。基幹産業である鉱業は、低迷する商品市況や輸出を背景に回復が遅れているのに対し、国内では超低金利を背景に住宅バブルのリスクを指摘する向きもあり、アンバランスさが徐々に際立つようになりました。RBAは、これまでのような外需に主眼を置いた金融政策から、不動産バブルのリスクとの両睨みでの金融政策を余儀なくされる可能性が出てきていると考えていいでしょう。

「オーストラリアは資源と中国」という固定観念を捨てて、国内の動向にも注意を払う必要があると考えられます。

5 中国、その他新興国

◆ 新興国は世界経済を牽引している？

世界経済をみた場合、新興国の発展は目を見張るものがあり、世界経済の牽引車は、成熟し成長率が鈍化した先進国ではなく、新興国であるとの見方が増えています。たしかに、成長力の高さや発展のスピードという点においては、いまや新興国が世界経済の中心といってもいいでしょう。しかし、「世界経済を牽引しているのか」というと、決してそうではないと考えられます。

中国を含め、新興国の大半は輸出主導型の経済という性質を強くもっており、輸出の回復がなければなかなか景気がよくならないからです。輸出に頼っているかどうかを確認する最も単純な方法としては、輸出の動きと生産活動の動きを比較するという方法があります。たとえば、鉱工業生産と輸出の、それぞれ前年対比伸び率をグラフに描くなどして比較して両者の動きがほぼ一致すれば、その国の生産活動は輸出の影響を受けやすい、と考えられるでしょう。もし、内需が景気変動の主因であれば、輸出が落ち込んでいても（内需向けの生産が増えることで）生産活動が回復したり、その逆に輸出が回復しても（内需向けの生産が落ち込むことで）生産活動が落ち込んだりする局面が出てくるはずです。また、輸出は基本的に海外の景気や為替相場によって決まります。これに対し、生産活動は基本的に内需や外需といった需要によって決まります。ですから、「生産活動が増えたから輸出が増えた」

ということではなく、「輸出が増えたから生産活動が増えた」ということになるのです。

実際に、中国の生産活動と輸出の動きをみると、基調的には両者はほとんどの局面において同じ方向に動いていることが確認できます（図表6－18）。例外としては、2009年に輸出が低迷しているなかで生産活動が先んじて大きく回復している局面があります。これは、2008年からの景気の悪化に、同年秋のリーマンショックが加わったことを受けて中国政府が行った4兆元（当時の中国GDPの16％に相当）という巨額の景気対策の効果によるものです。こうした動きを勘案すれば、「中国経済は基本的に輸出によって決まる。ただし、巨額の景気対策を行えば、輸出が低迷しているなかでも景気を立て直すこともできる」という結論に達

図表6－18　中国の鉱工業生産と輸出の推移

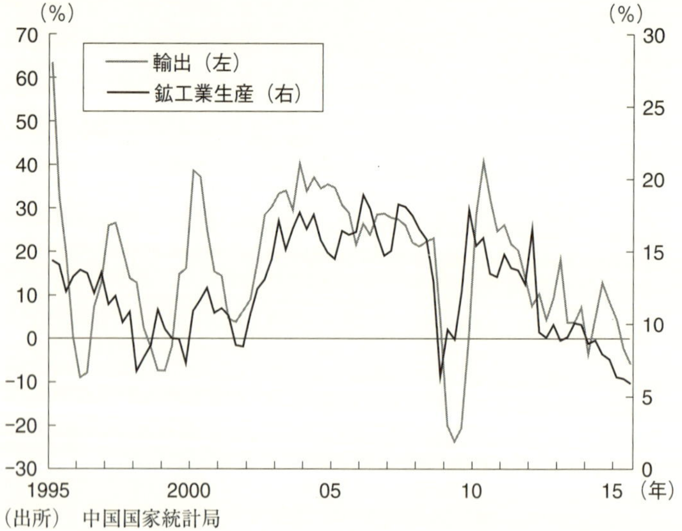

（出所）中国国家統計局

するはずです。中国国内の需要規模は、巨大人口にも支えられて非常に大きいものの、その巨大な内需を振り回すのはあくまでも輸出である、といっていいでしょう。

このように、景気の点火を輸出に頼っているということは“牽引車”ではないということです。この点で、米国はいまだに唯一の“世界経済の牽引車”であるといえるでしょう。

◈ 中国の経済指標の信頼度

中国の経済指標は“信頼度”という点では、あまり市場の評価は高くないようです。第2章「プロも翻弄　市場が注目する経済指標」の財新製造業PMIの項でも述べたように、GDPや鉱工業生産などの重要統計は実態よりもよい数字が発表されているとの指摘が多くみられます。中国は、市場経済を通じて社会主義を実現する「社会主義市場経済」という体制をとっています。しかし、中国政府（共産党）による計画経済の色が濃いとされ、政府の計画達成に重きが置かれるあまり、計画の下ぶれを避ける傾向が強いといわれています。したがって、計画を上ぶれているような数字はそのまま発表されますが、下ぶれるような数字はあまり発表されないのではないか、という疑念を市場はもっています。

たとえば、中国政府は2015年の経済成長目標を「７％前後」としています。１月～３月期の実質GDP成長率は前年同期比プラス７％となったのですが、４月～６月期については各種月次統計の下ぶれなどから７％を下回ると見込まれていました。しかし、実際に発表された４月～６月期の実質GDP成長率もプラス７％となりました。これに対し、市場関係者の多くが「実態とはかけ離れている」と評価しました。

中国の経済指標は、発表時期が非常に早いことが特徴です（図表6－19）。鉱工業生産や固定資産投資（設備投資）、小売売上高といった主要月次指標は、翌月中旬の早い時期に発表されます。

また、四半期に一度発表されるGDP統計も、翌四半期の最初の月の半ばに“確報値”として発表されます。これらは、統計が整備されている主要国と比べても早く、特にGDPは“世界で最も早く発表されるGDP統計”とされています。しかし、巨大人口を抱える中国で、しかも経済格差も非常に大きいといわれているなかで、このような早い時期での発表がかえって統計の信頼性に対する疑念を高める結果となっています。

だからといって、公式統計である以上、これらの指標を完全に無視するわけにはいきません。特にGDPや鉱工業生産は市場の注目度も高い統計ですから、市場の事前予想対比で上ぶれるか下ぶれるかといった点には注目しつつ、中国経済の実態を示す統計として注目されている「財新製造業PMI」や「電力使用量」「鉄道貨物輸送量」などの統計を確認しておくことが重要です。

中国経済は輸出によって決まる、とすでに述べました。つまり

図表6－19　中国の主な経済指標発表時期

上旬		PMI（前月分） 財新製造業PMI（前月分）
中旬	前月四半期	貿易統計（前月分） 消費者物価（前月分） GDP（前期分） 生産者物価（前月分） 小売売上高（前月分） 鉱工業生産（前月分） 固定資産投資（前月分）

中国経済を理解するうえで、輸出が最も重要な指標だということになります。実際、中国の貿易統計は鉱工業生産や小売売上高よりも若干早く、アンケート調査などに基づく統計ではない実態統計としては最も早く発表されます。この点からも、中国経済にとっては輸出の動向が最も重要であることがうかがわれるでしょう。

ところで、中国経済は輸出によって決まるとはいえ、中国の内需を無視していいわけではないでしょう。なぜ、中国経済が世界経済にとって重要な位置を占めるようになったのかといえば、やはり巨大な内需に魅力があるからです。その意味では個人消費動向を表す小売売上高などの統計も重要といえば重要です。しかし、小売売上高の動きはおおむね鉱工業生産の動きと連動しているため、生産活動の動きをみていれば事足りるともいえるのです（図表6－20）。ただし、2015年夏場の中国株の急落のような事態

図表6－20　中国の鉱工業生産と小売売上高の推移（前年比）

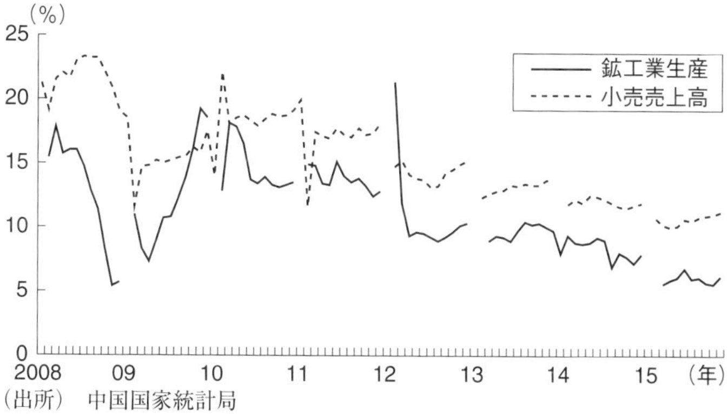

（出所）　中国国家統計局
（注）　グラフが切れている箇所は、データ未発表月。

が生じると、それが消費に及ぼす影響が懸念されるようになります。そのような特殊な状況では、小売売上高の動きに注目が集まることもあります。

◆ その他新興国における経済発展の状況

その他の新興国については、基本的にはほとんどが輸出に頼るという点で同じ経済構造をしています。ただし、経済発展段階や政治システム、地政学的リスクなどによって差は生じます。そこで、新興国の経済発展について少し考えてみたいと思います。

新興国の経済発展のきっかけとなるのは、多くの場合、安価な労働力を武器とした低価格品の輸出です。大きな資本や設備、あるいは高いスキルが求められない軽工業などが出発点になります。衣料などの繊維製品や缶詰などの食料加工品、家具や雑貨などの輸出で得た外貨を、さらに付加価値の高い産業の育成に回していくことができれば、電気製品などのもう少し“重い”製造業が発展していきます。さらに、鉄鋼業や自動車製造業、造船業といった重工業に発展させていくことができれば、経済成長率も二桁の“高度成長期”へ移行できるようになります。

しかし、軽工業からさらに発展していくためには、より高い技術やインフラも含めた設備が必要となります。これを実現するためには相応の資本の投資が求められます。インフラ面では工場立地に適した土地の整備、電気や水道の安定供給、生産物などを輸送する道路や港湾の整備が必要になります。また、技術向上には就学率の向上や高等教育の充実も求められます。国内経済の発展に伴う税収の増加や、輸出によって稼いだ外貨だけでは足りなくなるようであれば、市場経済化を進めて、より大きな資本を効率的に集めやすい環境へと移行しなければならなくなります。

同時に、外国からの資本を利用することも早期発展のカギを握ります。直接投資は、最も安定した海外からの投資です。外国企業の工場誘致を進めるために障害となるような参入障壁があれば、これを撤廃するなどの法整備も必要になります。あるいは、高い成長からのリターンに期待した海外からの投資マネーは、市場規模を大きくして、より巨額の資本を集めることにつながるでしょう。そのためには、株式市場のみならず、外国為替市場といった金融市場全般の整備も必要です。

二桁成長の軌道に乗ると、国内の所得は飛躍的に向上していきます。過去のパターンでは、一人当りGDPが2,000ドルから3,000ドルを超えてくると、高度成長期に入る国が多いようです。所得水準が上がることで、家計の生活水準は様変わりしていきます。洗濯機や冷蔵庫、テレビなどの映像機器といった家電製品の普及率が一気に上昇し始めます。自動車の普及率も上昇してくるでしょう。それまでの輸出に頼り切っていた経済に、個人消費という新たなエンジンが加わることになります。これにより、GDPに占める製造業のウェイトは低下し、サービス業のウェイトが上昇していくでしょう。

ここで新興国は、経済発展のなかで必ず遭遇する“ジレンマ”を経験します。それは、所得の向上（=賃金の上昇）を得たかわりに、価格競争力を失うということです。それまで、新興国の最大の武器は安い賃金による圧倒的な低価格の製品でした。しかし、労働者のスキルがアップし、経済発展が続くにつれて賃金も上昇していきます。賃金が上昇すれば、それまでのような低価格でモノをつくることはできなくなります。

自国通貨を完全に市場に委ねた“フロート制”にしていれば、輸出の拡大などが自国通貨高圧力になっているかもしれません。通貨の上昇は、自国の製品の外貨建て価格を上昇させるので、これも価格競争力を失う要因になります。一方で、自国通貨を経済状況からは安すぎる水準でドルなどに固定させていれば（ペッグ制）、通商摩擦を生んで外交問題に頭を悩ませることになるかもしれません。

こうしたジレンマから抜け出す方法はただ一つです。それは、賃金水準に見合った高付加価値商品へと、産業を移行させていくことです。そのためには、これまで経済を発展させてきた軽工業などを“捨てる”覚悟も必要です。おそらくは、より安い賃金を武器とした新しい新興国がその任を担うはずです。電気製品でも、付加価値を乗せる余地が小さいものを国内で製造していく余裕はなくなっているはずです。無論、軽工業や家電製品の生産を完全に捨てる必要はないでしょう。それらの製品にも付加価値を乗せる余地があれば、十分に商品としては競争力を保つことができます。ただし、全体としてはより高技術の分野にシフトしていくことになります。

問題は、ここでつまずく新興国が非常に多いということです。戦後、新興国という立場から先進国まで高めていくことに成功した国は、日本とドイツの２カ国のみといってもいいでしょう。先進国へとなかなか脱皮できない背景には、資金を効率的に経済発展のために回しきれない（国防費などに偏るなど）、地政学的リスク、さまざまな制度面での障壁を撤廃できない（外資規制や資本市場規制など）、不安定な政治、といったようなことが考えられます。

いずれにせよ、政治的にはともかく、経済的に新興国というレッテルがついて回ると“相対的にリスクの大きい国”として、安定的な対外資本取引がむずかしくなります。そうしたイメージそのものが、市場を不安定にしてしまう側面もあります。経済規模が大きく、政治・外交面では先進国として扱われている中国は別格ですが、ほとんどの新興国は経済指標の動向をみて投資されているというよりは、世界経済の流れをみたリスクオンやリスクオフといった流れのなかでマネーが流れているのが実状です。特にリスクオフの局面では本書の第４章「ここに注意！　リスクの高さを測る指標」で取り上げたようなリスクを測る指標ばかりに注目が集まってしまいがちです。

おわりに

景気は予想どおりには動きません。むしろ、予想外の動きとなることが大半です。本書を執筆したのは2015年の春から秋にかけての時期でしたが、世界的にはマーケットは非常に不安定な動きとなりました。ギリシャの財政問題や中国の株価急落、そして米国の利上げ観測などでマーケットは混沌としています。

過去を振り返っても、市場が大きく荒れるきっかけをつくった要因は、突発的な出来事（戦争や大事故、自然災害、企業の不祥事など）や人の判断（政治や金融政策など）が目立ちます。こうしたことを予想することは非常に困難です。景気や市場の先行きを予測する仕事をする身としては、突然の出来事が環境を大きく変えてしまう場合には諦めもつきます。しかし、人が判断する経済・金融政策が市場や経済を大きく動かすような局面を予測できなかった場合には、「なぜ予測を外したのか」と考え込んでしまう場合もあります。

たとえば、2000年代後半に起こった米国の住宅バブル崩壊からリーマンショックへと至る混乱では、米国の住宅ローン事情（サブプライムローン）と金融政策の方向性（引締め）を考えれば、住宅バブルが崩壊する可能性が高いことは予測可能です。そして、バブルが崩壊すれば米国家計のバランスシートが悪化し、米国経済の牽引車である個人消費が大きく落ち込むことも考えられるのです。もし、サブプライムローンが小口化されてさまざまな金融商品として米国内外の多くの金融機関や投資家に分散されていることを知っていれば、米国のみならず世界中の金融市場に想定以上の大きな混乱が訪れることも予想できたかもしれません。特に米国では、非常に大きな規模の金融機関にも巨額の損失が発生し、自力での再建は困難な状況にまで陥りました。これらの動きは、経済データを分析し、金融市場の動向に明るければ、予想できる範囲の話です。しかし、このように状況が悪化し、グローバルな金融市場が混乱しているなかで、リーマンブラザーズという大規模な金融機関を米国政府が救済しなかったことは予想できなかったでしょう。

「Too big to fail（大きすぎてつぶせない）」。決していい言葉ではありませんが、経済全体への影響を考えると、巨大企業は経営が悪化しても破綻させることはむずかしいのです。特に、金融機関の場合は中小零細企業や個人に至るまでもが影響を受けることもあります。したがって、経営者や株主、従業員に責任をとらせるかわりに、資本注入などを行って救済することが多いのです。

おそらく、2008年秋の時点では、リーマンブラザーズは大きな責任をとらされるかわりに、救済されるものと大半の市場関係者は見込んでいたはずです。それが経済全体のことを考えれば最も合理的な判断だからです。しかし、実際にはそうはなりませんでした。税金を投入しての救済は、“政治的には”非常にむずかしい判断だということでした。

その後の混乱は予想をはるかに上回るものでした。金融市場参加者は疑心暗鬼になり、多くの金融機関が資金繰りに窮しました。当時、「市場からドルが消えた」といわれるほど、世界の金融市場はその機能を停止してしまいました。世界は“恐慌一歩手前”というところまで追い込まれました。

同時に、混乱は金融市場だけにとどまりませんでした。“信用”

が市場から消失した結果、企業間での資金のやりとりさえできなくなるケースが出てきました。「貿易保険がかけられないから輸出（輸入）できない」「注文と同時に支払わなければ生産しない」などといった例が世界中でみられました。この結果、生産活動などの実体経済までもが猛烈な勢いで落ち込んでいきました。日本の鉱工業生産指数は、2008年10月からのわずか5カ月間で30％以上も低下しました。これは、もちろん戦後最悪の記録です。バブルの崩壊は金融市場の崩壊にとどまらず、やがて実体経済にも影響を及ぼしますが、リーマンショックはその比ではありませんでした。

このような事態を2006年に米国の住宅バブルが崩壊した時点で、あるいは2007年のサブプライムローン問題が表面化した時点でさえ予測できた人はいなかったでしょう。ここまで悪化したのは、明らかに米国政府の“政策ミス”によるものです。しかし、リーマンショックがなかったとしても、大恐慌以来となる米国の不動産バブル崩壊によって、世界経済の深刻な落込みは避けられなかったでしょう。そのことは、経済指標を分析していれば予見可能だったはずです。

もし、2006年初の段階で「金利上昇で米国の住宅バブルが崩壊する可能性がある」と考えていれば、あるいは2008年初の段階で「バブルは崩壊しているのだから、サブプライムローン問題はより深刻な問題につながる可能性がある」と考えていれば、おそらくは資産運用にあたってはリスクをなるべく落とすような運用をしていたでしょう。つまり、株や外貨建て資産などをなるべく減らし、国債や為替ヘッジした外国債中心の運用をしていたはずです。そうであれば、予測不可能だったリーマンショックが起こっても、保有資産の毀損はかなりの程度軽減できたかもしれません。

運用で“たら・れば”をいっても仕方のないことですが、きちんと経済指標をみることは、ある程度のリスクヘッジにはなるはずです。一方で、運用をアドバイスする側にとっても、説得力のある提案をサポートすることになるでしょう。

本書で取り上げた経済指標は、世界で発表される指標のなかのごく一部にすぎません。ですから、「これらの指標だけみていれば大丈夫」というわけではありません。しかし、景気の大筋をつかむことや、変化の予兆を早くとらえることに適した指標を、筆者なりに厳選したものです。多くは、新聞やネット上で“日本語で”手に入る指標です。景気は同じ状態にとどまっていることはなく、常に変化していきます。ですから、こうした経済指標をみながら、常に景気の変化に気を配ることが、市場の動きをつかむ早道になると考えます。

本書では、経済指標の解説本にとどまらず、なぜ景気が変化していくのか、市場が反応していくのか、という点についても言及したつもりです。読者の方にとって、この本が市場を見極めるためのサポートになれば幸いです。

事項索引

[さ]

[た]

市場の動きを見極める経済指標の見方
——金融商品投資・相談で知っておくべき知識

平成28年3月15日　第1刷発行

著　者　嶌峰　義清
発行者　小田　　徹
印刷所　三松堂印刷株式会社

〒160-8520　東京都新宿区南元町19
発　行　所　一般社団法人 金融財政事情研究会
編　集　部　TEL 03(3355)2251　FAX 03(3357)7416
販　　　売　株式会社 き　ん　ざ　い
販売受付　TEL 03(3358)2891　FAX 03(3358)0037
URL http://www.kinzai.jp/

ISBN978-4-322-12852-9